跟司马辽太郎学日本史

学日本史

〔日〕矶田道史 著

朱一飞 译

上海文化出版社

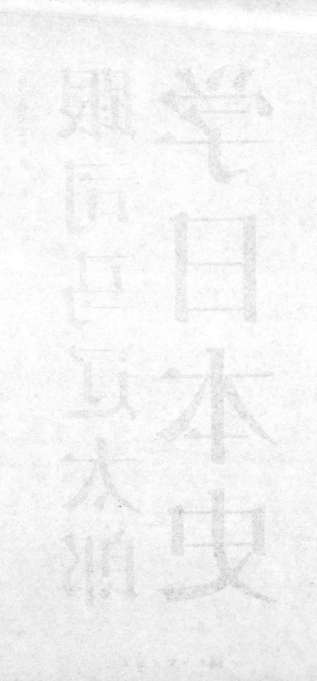

序　言

迄今为止，几乎没有历史学家讨论过司马辽太郎。即便有所提及，基本也仅限于近代史。尽管他是对现代日本人的历史观影响最大的作家，但是纯学术的历史著作并不会谈及司马先生。

有趣的是，比起大学教授写的书，大学生们会更多地去阅读司马辽太郎的书。然而，在大学课程中，司马先生的作品被划分到了文学范畴。从一开始，历史学教授就不会和学生讨论"司马文学"。

从这个意义上来说，本书着实是非常罕见的。历史学家在本书中大胆地从正面讨论司马辽太郎，从司马先生的作品入手，让读者可以系统地学习从战国时代到昭和时代的日本史。

在司马先生遗留下的大量著作中，公认的代表作是

《龙马风云录》《宛如飞翔》《坂上之云》这三大长篇小说。

可以说，这些作品均按照"准备阶段""实行阶段"以及最后攀上"顶峰"的过程，描绘了近代日本自明治时代以来是如何建立国家的。这些作品讲了一个日本自画像般的故事：以坂本龙马、大久保利通、西乡隆盛、秋山真之为首，许多人物活跃在日俄战争的历史舞台上，将日本推向亚洲唯一列强的地位。阅读这些作品的日本人会把从幕府末期到近代理解为一段畅快淋漓的、充满希望的历史。

另一方面，日本也在司马先生心中埋下了愁绪和阴影。这源自他的战争体验。从幕府末期到明治时代，日本构筑了以军事力量为基础的权力体系，不仅摆脱了殖民化的危机，而且自身也成为殖民的一方。但是，这导致了司马先生自身的青春时期被那个非常黑暗、非常痛苦的时代——昭和的战争时代——绑架。

虽然司马先生终究没有留下任何以自身所处的昭和时代为背景的小说，但是由于他在作家生涯的后半段发表了大量随笔和史论，所以比起"小说家"，司马先生"历史学家"的身份更被人所熟知。

如今，不管司马先生本人是否乐意，"司马史观"一词已开始被广泛使用。正如前文所述，他遗留下来的大量小说、随笔和史论都对我们了解历史给予了很大帮助。然而，"只要阅读司马辽太郎的作品就能够通晓日本历史"的说法却是对错参半。

理由之一是司马先生的作品毕竟是文学，而并非历史本身。这一点是无可非议的。要想通晓日本历史，就有必要通过补充阅读了解司马先生为什么要写这样的内容，以及这些作品背后关联着怎样的史实。

理由之二要从司马先生对历史的见解说起。例如，就像从日本陆军权力体系的建立开始追溯，势必会谈到织丰时代（织田信长、丰臣秀吉称霸的时代）那些出生于浓尾平原，之后一统天下的人一样，对于司马先生而言，无论是战国史还是幕府末期的历史，它们都影响着日本近代史，是日本近代史的前提和铺垫，司马先生独到的历史见解在其中发挥着重要作用。如果不能充分理解这一点，即使给你一本司马先生的小说，你也无法领悟其中的精髓。

因此，本书是以司马辽太郎的作品中提及的历史事件为切入口，按照战国时代、幕府末期、明治时代以及司马先生所认为的异常的时代——"鬼胎"昭和前期（广义上来说，是指从日俄战争后的 1905 年至 1945 年"二战"结束的四十年）的顺序，重新审视日本的历史以及日本人的形象。

此外，司马先生在晚年留下了题为《致生活在 21 世纪的你们》的文章，预言自己将无法亲眼见证新世纪。预言应验，司马先生于 1996 年与世长辞。对于生活在 21 世纪的我们而言，是时候去读、去领会一直在观察着日本、注视着日本人的司马先生所留下的信息了。

在充分地理解这一点的基础上，为了使读者能够更加深入地了解日本的历史以及日本人，本书将对司马辽太郎先生的史观以及他想传达的信息，逐一地进行详细解读。

目　录

序章

司马辽太郎这一视角

创造了历史的历史学家

司马辽太郎在作为作家的同时，从对历史进行调查并深入思考这一方面而言，他也是一位与众不同的历史学家。司马先生不是单纯意义上的历史小说家，而是"创造了历史的历史学家"。

历史如果以非常有渗透力的文章和内容为载体，就能感化和推动阅读者，从而影响到下一个时代的历史。能够做到这一点的人就是"创造历史的历史学家"。日本曾出现过几位这样的历史学家。

最早给后世带来影响的日本历史学家应该是《太平记》[1] 的作者——小岛法师，据传是一位琵琶法师。《太平记》讲述了从后醍醐天皇即位到细川赖之就任管领之间长达大约半个世纪的南北朝动乱。

正是这部《太平记》使楠木正成的名字变得家喻户晓。楠木正成积极响应后醍醐天皇的号召，代表南朝方举兵，为天皇建立建武政权立下了汗马功劳。他原本只是河内国一个小小的豪族，《太平记》记载了他的英雄伟绩，使他被后世所熟知。他的人生轨迹对漫长的日本历史产生了巨大而深远的影响。

《太平记》把楠木正成刻画为忠义之士，如果没有《太平记》里的美文佳句，之后的历史就会有所不同吧。我认为明治维新有很大的概率不会发展成我们现在所知道的那个样子。

到了明治末的 1911 年，日本国内产生了关于南北朝的两个皇统谁为正统的争论——"南北朝正闰论"。在 1911年，由国定教科书并列记述南北朝历史引发的各种各样的批评观点和论说在报纸上刊登，使这个在之前已经被讨论过的话题一度升级为政治问题。

日本现在的皇室出自北朝系统，明治天皇却视楠木正成所效忠的南朝为正统。军人们也在讨论南朝正统性的过程中，固化了军国主义思想。

就这样，一直到第二次世界大战日本战败，日本官方一直都将南朝视为正统。可以说，《太平记》中的历史观甚至影响了昭和以后的历史。如果没有《太平记》，近代的历史或许也会变得不同。

赖山阳与德富苏峰

我认为在《太平记》之后，对日本历史产生影响的主要历史学家只有三位。一位是大约二百年前著写《日本外史》的赖山阳。作为广岛藩国的儒学世家，赖家的家禄为三百石，西日本地区几乎没有其他儒学家能够获得这么高的俸禄。

出生在这样一个得天独厚的家庭中，赖山阳却没有继承家业。他因为脱离广岛藩而被定罪，软禁在自己家中。在此期间，他开始写作《日本外史》，描述了从源平之乱到德川幕府末期的日本武家的兴乱史，共著二十二卷。从小接受精英教育的赖山阳文笔绝伦，《日本外史》成了当时的畅销书。

赖山阳通过《日本外史》向当时的日本人灌输了这样一种思想：日本原本就是由天皇统治的，武家之世就如借来之物。大家应该都知道，正是这种"尊王攘夷"的思想使明治维新运动得以实现，从而改变了历史。

还有一人是作为作家、记者长期活跃在前线的德富苏峰①。他出生于熊本藩的村长家庭，在很早就引进了基督教与西洋学问的熊本洋学校接受教育，后成为明治时代日本最有影响力的记者。

德富苏峰不仅精通现代政治、国际形势，还可以说是拥有明治时代的人所特有的"万能之才"。德富苏峰创立了名叫"民友社"的报纸杂志社，创办了《国民之友》和《国民新闻》，对明治时代的社会舆论产生了许多重大的影响。

正是德富苏峰写成了全一百卷的《近世日本国民史》（1918—1952 年），明确了日本人的历史观。我认为，最早运用丰富的史料，让日本人知晓日本成为单一民族独立国家的这段历史的人，恐怕非德富苏峰莫属。

我之前提过德富苏峰是熊本人。有意思的是，熊本出身与日本近代史之间存在不容忽视的联系。除了创造历史观的德富苏峰以外，大力参与《大日本帝国宪法》[2]制定的井上毅[3]，以及和井上毅合作起草《教育敕语》[4]（相当于现

---

① 日本右翼思想源头，"二战"后由国际军事法庭判为甲级战犯。——编者注

在自己家书房的司马辽太郎
（照片提供者：司马辽太郎纪念财团）

在的《教育基本法》）的元田永孚[5]，也都是熊本人。也就是说，近代日本的思想、宪法、教育的主干都是由在熊本的学校学习过的人主导的。

对日本人历史观的影响

继赖山阳、德富苏峰之后的第三位历史学家就是司马辽太郎先生了。虽然很少有人提及，但我认为德富苏峰对司马先生的影响绝对不小。

德富苏峰在描述历史之时会引用大量史料，这是最令小说家感激的。司马先生一边受着德富苏峰的影响，一边进一步搜集更多史料，创造了德富苏峰之后的战后日本人的历史观。

如果用历史性语言来描述战后日本的特征，可以概括为一个带来高速经济发展的时代，也是一个伴随着民主主义出现的大众社会的时代。国民开始大量购买文库本，日本人的阅读量空前绝后。之后，诸如电影、电视之类的影像媒体实现爆炸性的发展。我认为战后七十年是一个人们以惊人的速度和势头沉迷于书本、电影、电视的时代。

司马先生选择了以既便宜又容易购买到的文库本为载体，使他的著述被摆到了日本普通家庭的书架上，以此向日本国民展示了作品中的世界。同样重要的是，他的小说还被翻拍成电影以及电视剧。大部分日本人都是通过司马先生的作品才接触到日本历史的，从这个角度看，称司马先生创造了历史观也不为过。

当然，我们也通过学校的课程学习历史，但是教科书往往枯燥乏味，很难让人看到人物细节。想一观历史人物的真实生活情景的人会阅读司马先生的所有作品，或者观看视频，通过司马先生提供的历史形象了解过去的日本。

司马作品的独特性

事实上，历史文学被划分为三大类，分别是历史小说、时代小说，以及现在不常被提及的史传文学。如果按照忠于史实的程度来排列的话，史传文学居首位，其次是历史小说，最后才是时代小说。

虽然司马先生的绝大部分作品都被称为历史小说，但是描写日俄战争的《坂上之云》被认为是他最接近史传文学的一部作品。就司马先生的创作情况而言，所写时代离留下了大量史料的近代越近，作品就越接近忠于事实的史传文学；反过来，所写时代越靠近古代，作品就脱离历史小说的范畴，变成了时代小说。

我认为司马辽太郎先生的叙述形式在日本文学史上也是丰富多样的，他是一位非常有个性的、特别的作家。首先，平时我们看小说，并没有抱着了解历史和过去那个时代的目的，大多数情况下是为了享受文学本身的乐趣。然而，大家对为何选择阅读司马先生的作品这个问题的看法，却经常是认为读者想了解日本战国时代末期的状况、日俄战争的详细情节等。

关于这个观点对错与否，不同的人有不同的想法。既有人认为小说内容和现实情况有所不同，也有人持反对意见，认为司马先生反复钻研了史料，尽可能地还原了所写时代的气氛，赞扬司马先生的描绘生动细致。

也许司马先生自己并不喜欢他的作品被人当作解读历史的参考书。但是，没有受过专业教育的普通人在阅读古文书籍、史料等原始资料时，很难将史实复原。像司马先生那样接触丰富史料，然后将它们活用到作品中的小说家确实少有，这也是不争的事实。

以司马先生遗留下来的作品为线索，接触这个国家的历史，试着体验让精神世界丰富起来的时光旅行，这也是一个不错的选择吧。

历史小说与时代小说

说到和司马先生一样根据缜密的调查来撰写历史小说的作家，浮现在你脑海中的会是哪些人呢？应该有人会提到吉村昭先生和海音寺潮五郎先生。

吉村昭的作品中，既有《战舰武藏》等战史小说，也有描写关东大地震以及日本东北地区海啸情形的作品。虽然在东日本大地震发生之际，吉村昭的作品是作为描写海啸灾害的文学作品突然受到广泛的关注，但是我们仍然可以说，他在历史小说领域独树一帜。

海音寺潮五郎先生不仅作为司马先生出道时的理解者与支持者广为人知，而且怀着凡是与历史相关的小说都必须忠于史实的信念，给人们留下了被拍成大河剧的《天与地》和毕生之作《西乡隆盛》（未完）等长篇历史小说。海音寺潮五郎先生的创作观点与立场一直被认为是与池波正太郎先生的时代小说相对立的。后者的《鬼平犯科帐》等作品经常被翻拍成日本时代剧（古装历史剧）。

关于战略构想的根本之道，有一句话是"着眼大局，着手小局"（纵观全景进行战略构想，实践则从小处着手，一步一步前进），说的正是司马先生这一类作家的风范。宛如从天空中俯瞰整个时代的存在方式与精神，然后乘坐降落伞慢慢降落，直逼那个时代的具体细节。与此相反，吉村昭先生等作家采用的或许是从小局着手，最后慢慢着眼大局的写作手法。

吉村昭先生通过排除万难、竭尽全力进行史料考察来探究事实，让读者从他的文学作品中领悟真相所在。例如，吉村先生在撰写其代表作——描写突袭大老①井伊直弼事件的《樱田门外之变》之时，为了搞清突袭发生时究竟有没有下雪，他查阅了关东地区所有史料，最终在一位水户商人的日记中，确认了雪停的具体时刻，之后才开始动笔。此事被后人传为佳话，流传至今。

与司马先生首先会来一大段浅显易懂的说明的作品相比，吉村先生创作的文学作品往往需要读者有深厚的阅读功底，否则也许会难以读懂。不过，无论是哪种风格的作

---

① "大家老"之略称。日本江户幕府辅佐将军的最高官职。非常设官，必要时设立。——编者注

品，它们都能让人津津有味地读到所写时代的具体状况。

另外，提起写时代小说的代表作家，应该就是山本周五郎先生、池波正太郎先生、山田风太郎先生等人吧。

众所周知，山本周五郎先生拒绝接受以直木奖为首的所有文学奖项。山本先生的作品主要在《国王》（キング）等在昭和时代开始博得人气的大众杂志上连载。从时代考证性角度而言，山本先生会在没有阵屋①的地方设立藩国，他的创作本身就不是为了探求史实。山本先生非常擅长情感的描写以及小说情节发展的设计，作为日本时代小说鼻祖，其作品至今仍不断被改编成电影。

提及小说被改编成电影这个话题，池波正太郎先生的众多时代小说也一直丰富着我们的生活，为现在的我们带来快乐，这与他原本就是新国剧作者不无关系。《鬼平犯科帐》《剑客生涯》《仕挂人藤枝梅安》等系列作品，都让我们可以轻松愉快地走近历史。

《鬼平犯科帐》就是一个很好的例子，池波正太郎先生让长谷川平藏等人一个个从史实背景中跳跃出来，自由自在地生活在江户时代，成为虚构故事中的人物。在另外一

① 江户时代幕藩体制下大名的藩邸，也是德川幕府直辖领地的地方官居住和办公的场所。——编者注

些作品中，他还创造了纯虚构的人物和情节。虽然故事以江户时代为舞台，作品中富含那个时代特有的规定以及风俗习惯，但描写的绝对不是史实。

作品所描绘的世界未必要完全忠于史实。故事发生的舞台如果是真实的历史世界，那么可以在其中添加虚构人物，并让这些人物自由活动，用这种方式来思考与试验人们在这样的时代背景下会如何生活。活在世上本身就是通过不断地虚构来思考现实，思考所有可能性，从某种意义上来说，时代小说就是虚构的小说，是一个纯理论的领域。

通过奇思异想来打破历史的作家

在这里，我特别想提及的一位作家是山田风太郎先生。他是一位从昭和时代一直活跃到平成时期的小说家，著有《甲贺忍法帖》《女忍忍法帖》等"忍法帖"系列传奇小说。根据山田先生本人所言，他原本是位医学生，最初是抱着打零工的想法开始创作小说的。

这位山田风太郎先生其实熟知历史，他在史实中选取原型，然后自由地虚构。庞大的历史知识储备使他所选取的历史背景不仅限于战国时代，还延伸到了明治初期，如描写文明开化运动的《警视厅草纸》等。

我经常打比方说，如果把探求史实的小说比作价格高昂、让人敬而远之的怀石料理，那么以山田风太郎的作品为例的大众娱乐小说就相当于御好烧（日式铁板什锦烧）之类的平民美食。

其实，知识渊博的山田先生如果愿意烹饪"怀石料理"，水平也一定不输给甚至会高于娴熟的匠人。然而，他却选择用这精湛的技艺创作平民美食般的时代小说。关于这一点，懂的人自然心领神会。

事实上，我接触的水平越高的编辑，对山田风太郎先生的评价就越高。在理解历史的基础上用奇思异想打破历史，这和创作抽象画是一样的道理吧。把司马先生的具象与山田先生的抽象放在一起做比较，也应该挺有意思。

"动态的文学""静态的文学"

说起经常被拿来与司马辽太郎先生做对比的作家，就必须提到藤泽周平先生。对比两位作家的文学作品，很多人都认为藤泽先生的文学是"静态的文学"。

藤泽先生出生于日本东北地区的山形县，从小就因患肺病等遭遇而感到苦恼。在思考人生、历经磨难的过程中，他将独特的美学观点提炼集结在文学作品中，成为作家。可以说，很少有文学作品能像藤泽先生的小说《三屋清左卫门残日录》那样传神地再现江户时代武家社会（由武士作为社会统治阶级的社会）的整体氛围。日本放送协会（NHK）多次将描写武家社会的文学作品翻拍成影像，我认为以这部作品作为蓝本是非常贴近当时的真实状况的。

《三屋清左卫门残日录》的主人公清左卫门是一个真实存在过的人物，但位于东北地区的海坂藩国则是虚构的。也就是说，藤泽先生在江户时代这个时空制造了一个美好的实验模型，虚构了一个平行世界。

海坂藩国是一个完美得让人担心是昙花一现的世界。人们的生活被细腻地刻画出来，却不涉及如黑船事件①这样的摧毁性力量、战国时代取敌人首级示众之类的时代波动。总而言之，作品描绘的是在某个已经完结的时代生存的人物形象，想必藤泽周平先生是希望我们能够从这些人物的生活方式中获取关于自身生存意义的灵感。

与此相对，司马辽太郎先生的文学则描写了时代的动

---

① 1853年，美国海军准将马休·佩里率舰队威逼日本打开国门。——书中脚注若无特别说明都为译者注

荡、社会的变动，是"动态的文学"。以作品中涉及德川幕府以及全国各藩国的情节为例，司马先生会让读者去思考它们是如何形成的，为读者描绘促成该情况的各派势力，或者说让读者去探究幕府以及各藩国是在何种势力的驱动下被击败和摧毁的。司马先生会栩栩如生地将具体情形描绘出来，把动态的能量释放的过程呈现在读者眼前。

我认为这就是司马先生文学作品的特别之处，他为生活在激荡时代——21世纪的我们带来了非常重要的启示。反过来看，为了了解给当今日本带来巨大影响的江户时代的"静态风景"，我们会翻阅藤泽先生的文学作品。

动态与静态就像横线和纵线一样交错，形成了日本的历史文学。现在的日本人为了满足自己时不时产生的探究欲望，会无意识地在司马辽太郎与藤泽周平这两位颇具代表性的国民作家的历史小说以及时代小说中，选取需要的作品。

为何要学习历史

我认为司马辽太郎的文学作品之所以会成为"动态的文学"，其原因与他自身对战争的体验密不可分。"为何会变成这样一个国家呢?"这个疑问是促使司马先生开始撰写小说的主要动因。因此,在司马文学的背后,比起 How (如何),更多的是 Why(为什么)。

我在阅读司马先生的作品时,经常会从字里行间揣摩他对一个事件的因果关系的看法。说到底,我们为何学习历史呢? 为了以史为鉴,在知晓了过去某个事件发生的原因后,现在或者将来,当我们碰到类似的局面时,历史知识就能发挥作用。

其他动物与人类最大的区别,就在于动物只能将自身的经验运用到今后的生活中,而人类还可以将生活在不同时代、不同地点的完全素不相识的外人的经验运用到未来的生活中。当然,只有阅读了高质量的历史叙述,并且用自己的大脑深思熟虑一番之后,这一切才会变为可能。

江户时期、明治时代的日本人一直被灌输这样的教育理念:要想使自己和鸟类兽类区分开来,就必须扎实努力地学习知识。他们谨记教诲,拼命学习。在日本的历史文学中,司马先生的历史叙述是质量上乘、最容易让人理解的。作为读者的你,何不也尝试借此次解读司马先生作品的机会,进行对自己人生有益的历史思考呢?

从下一章开始,我们将具体分析、读解司马辽太郎先生的作品。

注释

1.《太平记》：总共四十卷的军事物语，讲述了从 1318 年后醍醐天皇即位开始到 1367 年细川赖之就任管领为止，长达五十年的南北朝动乱历史。《洞院公定日记》中提到《太平记》的作者为南北朝时代的小岛法师（？—1374）。

2.《大日本帝国宪法》：也被称为"明治宪法"。由日本首任内阁总理大臣伊藤博文与井上毅等人以君主拥有最高权力的《普鲁士宪法》等为蓝本起草，是由天皇的名义制定，于 1889 年向国民颁布的钦定宪法。

3. 井上毅：1843—1895。明治时代的官僚、政治家。赴欧洲学习了国制、法制，受伊藤博文之命，参与起草了《大日本帝国宪法》《皇室典范》《教育敕语》等。

4.《教育敕语》：于 1890 年颁发的日本明治天皇关于教育指导原理的诏书。以儒家道德为基础建立国民的家庭观、国家观，是维护天皇制国体的精神支柱。

5. 元田永孚：1818—1891。幕府末期至明治时代的儒家学派学者，师从横井小楠。作为明治天皇的侍讲，长期教授帝王学。之后历任枢密顾问官，与井上毅协力起草《教育敕语》。

第一章

战国时代产生了什么？

关于日本、日本人的疑问

经历了战争的司马先生怀着"日本为什么会失败？""为什么日本的陆军变成了异常的组织？"这样的疑问，开始在历史中探寻原因。近代日本是高举着"王政复古大号令"，打倒德川幕府后建立起来的，那么如果把目光投向德川幕府的建立，会有怎样的发现呢？司马先生注意到，德川幕府是由三位战国英杰，即出生在浓尾平原的"天下人"① 织田信长、丰臣秀吉、德川家康（从严格意义上而言，德川家康出生在冈崎平野）创建，之后继承了名为"公仪"的权力体系。

———————

① 能够统一日本的大名。

　　所谓公仪，最初指的是室町时代的将军，后逐渐演变为国家或大名领地的最高权力。也有人把以将军为最高权力者的幕府称为大公仪，把普通大名的藩称为公仪。之所以会有大公仪这种说法，是因为大名虽只拥有幕府统治下的一小部分领土，却也把自己比作公仪，因此幕府也就等同于大公仪了。这也叫作"公仪国家分有论"。

　　在织田信长出生的时代，还没有可以覆盖全日本的大公仪。因为大公仪产生自织田信长的出生地——浓尾平原，所以司马先生把注意力投向了这里。为了找寻织田信长横空出世的先决条件，他又把目光聚焦到出生在浓尾平原、当时初露锋芒的权力者——斋藤道三身上。他认为，如果能理解斋藤道三，就应该能理解之后的日本。这便是司马先生的代表作之一《国盗物语》[1] 的起点。

　　作品中的斋藤道三被刻画为代表"下克上"精神的战国大名。最新的史料研究表明，道三的父亲也是美浓的武士，现在大家普遍认为道三和其父亲均成为战国大名，那么父子两人无疑都是以下克上了。正是斋藤道三的存在，为织田信长那样的天下人开辟了道路，而这些天下人又催生了被称为公仪的权力体（国家），创建了幕藩体制。

　　后来，在幕府国家逐渐瓦解的过程中，与朝廷相结合

斋藤道三的肖像画
（收藏于常在寺）

的势力继承幕藩体制下的官僚制以及军事组织，创立了明治国家。司马先生所说的"鬼胎国家"便是明治国家最后的归宿。换言之，到了发动那场战争的昭和时代，军事国家被建成。这个昭和时代的军事国家胡作非为，其瓦解转型后形成的就是现在的日本社会。司马先生正是因为心怀这样的历史观，才会认为战国时代产生自浓尾平原的权力体是我们现代社会的直接源头。

也正因如此，司马先生在创作《国盗物语》时，花了大量的时间和精力来刻画斋藤道三。这是一项解密"信长生成过程"的工程，就像解开化学物质生成的化学反应方程式那样，首先着手描写从浓尾平原北部到中心地区的连锁"化学反应"。我认为《国盗物语》在司马文学中占据至关重要的地位。从时间线来看，司马先生关于现代的思考是从《国盗物语》开始的。

司马文学与"司马的文化素养"

关于三位打下日本近代国家根基的天下人，司马先生明确地定义了其本质。

其实，司马先生基本不谈论他对人物的喜好。根据生前和司马先生在工作上有过密切交往的原 NHK 制作人吉田直哉先生所述，司马先生被问及谁是他理想的历史人物时都会回答："你应该也有好多亲戚吧。当你被问及'所有亲戚中，你喜欢哪个人呀？'这样的问题，你会怎么回答呢？你应该会说'那个亲戚虽然有不少优点，但是我也知道他令人讨厌的地方'吧。所以这种难以回答的心境就是我现在的感受。"这个回答非常符合司马先生的风格，因为他阅读了历史人物的史料，熟知人物的性格。

　　不过，司马先生对于人物的评价却是非常直接的。例如，在一般的小说中，比起明确描写主人公的性格究竟是积极开朗还是阴沉黑暗，作者往往会更重视刻画人性的矛盾，即既有好的一面，也有坏的一面。司马先生却不是这样做的。比起刻画织田信长的内心世界，司马先生更注重阐明这个人物的存在给社会带来了怎样的影响。因此，他敢于用一句话来概括人物的性格和才能。例如，他会明确地写道"全部都是二流人物""可以说是非常无能的"。如此简明的人物评价正是司马文学的特征。这也是让人觉得有意思的地方。

　　值得注意的是，被给予很低评价的人物在其作品中是被赋予了某种"使命"的。换言之，这个人物不可以有才能。或许那些军事指挥能力和政治才能被评价为"二流"的人在手工艺或书法方面是一流高手，但是这种多样性被司马先生抛开不谈。从给社会带来的影响上粗略地把人物切割出来，这就是司马先生作品的一大特点。

有人认为司马先生刻画的人物形象与史实不符，片面地讲，这是正确的。但是，如我刚才所说，司马先生纵观大局，从对整个社会的影响角度尽可能地将人物评价单纯化了，我们必须理解他的这一特点。在阅读司马先生的作品时，我们需要懂得一定的守则，也就是所谓的"司马的文化素养"。

如何看待三英杰

在此基础上，我们来看司马先生是如何评价三英杰的。司马先生在晚年随笔《这个国家的形象》[2]中对织田信长、丰臣秀吉、德川家康的评价如下：

> "一切是从织田信长开始的。……是织田信长思考并布局了近世的根基。"

"织田信长所做都是独创。"

"(丰臣秀吉)性格开朗,这也是他的优点。"

"德川家康虽然有才干,但他不是独创者。"

首先,我们来看织田信长。司马先生认为织田信长"所做都是独创"。近些年的历史学研究观点表明,织田信长并非"总是"讲求独创。信长非常尊重从前代表室町幕府政权结构与统治方式的传统和习惯。但毋庸置疑的是,不论是对铁炮的重视、天守(主)阁的建设、使用铁甲船新战术,还是人才选用新手段和迁移根据地等,都是其他大名从未想到过的点子。司马先生认为这些独创的举措正是推动历史的主要力量。

在对织田信长的所有评价中,最重要的一条是"合理主义者"。他根据人物的作用对其进行评价。尽管如此,司马先生指出,他拥有艺术家的一面:非常直观,喜欢美好的事物。织田信长没有用冗长的语言表达过自己的想法和思考。这样一个人物,不知对司马先生是否具有别样的吸引力。对此,他经常说的话是"不把织田信长留在作品中是不行的"。

接着,说到丰臣秀吉,司马先生认为他是个乐观开朗的人，有着讨人喜爱的才能。而另一方面，丰臣秀吉的价值观却非常功利、形而下。也就是说，丰臣秀吉对诸如建造巨大的城池、召集众多的武士、聚集军事力量等现实性事务颇感兴趣，对绘画艺术的美感则漠不关心。司马先生把丰臣秀吉刻画成这样的人物，也许是为了表现生活在那个时代的平民所拥有的坦率的欲望和开朗的性格。在我看来，司马先生还希望在丰臣秀吉身上体现日本平民的能力之强。

最后，我们来看德川家康。正如"虽然有才干，但他不是独创者"的评价，司马先生把德川家康刻画成了织田信长的对立面。司马先生着墨较多的是德川家康的无趣和现实主义者的形象：吝啬，有耐心，为了家族的存续一味隐忍。简言之，对德川家康来说，能否在现实中立足才是最重要的，只考虑趣味是解决不了任何问题的。德川家康也是理性的，他和织田信长的不同在于是否有玩心。

所谓"革命的三个阶段"

为了更好地理解三人的区别，我们可以把目光投向他们所喜爱的女性。司马先生笔下的织田信长，只要是美人，无论男女，他都喜欢。对于织田信长而言，是否能给他"美"的直观感觉非常重要。比起一位女子是否会生孩子，身份是否显赫之类的因素，他更注重自己内心的感受。

与织田信长相反，丰臣秀吉喜爱地位尊贵的女子。聚集在丰臣秀吉周围的都是织田信长的亲信或公家（朝廷官吏）的女儿、旧室町幕府的名门守护大名[3]的女儿。从这一点就可以看出，丰臣秀吉所渴望的是权力、财富、地位，这些也是平民的欲望。司马先生或许把丰臣秀吉刻画成了一个希望被称赞的人物。

另一方面，在司马先生笔下，德川家康的身边一直有能生产的女人，颇有力地展现了他功利的一面。也就是说，德川家康将女性和子嗣当作政治工具，所做的一切都是为了维护自己的权力和德川家族的存续。织田信长喜欢"美女"，丰臣秀吉喜欢"地位尊贵的女子"，德川家康喜欢"能生孩子的女人"——我认为司马先生用概括的手法，传神地刻画了三英杰的形象。

另外，从社会变革期的角度，将三英杰的角色套用到其他时代的人身上，也是很有趣的。以幕府末期的长州为例，变革可分为三个阶段：首先，新价值观念的创造者、预言家吉田松阴[4] 横空出世，接着高杉晋作[5] 那样的实干家、革命家陆续出现，最后诞生了山县有朋[6] 那样的摘取成果的权力者。

三英杰正是在类似的三个阶段促成了日本近代国家的萌芽。织田信长提出"天下布武"，也就是用武力夺取政权，用武力统治天下，萌生了用中央集权制使整个日本彻底臣服的思想——与吉田松阴的第一阶段相对应。丰臣秀吉将此思想与具体情况相结合，灵活实践——与高杉的第二阶段相对应。最后，现实主义者德川家康摘得成果，统领了全国——与山县的最终阶段相一致。可见，从战国时代到江户时代的变革过程，与从幕府末期到明治时代的变革过程有着惊人的相似度。

其实，司马先生自己在《花神》这部作品中，也对"革命的三个阶段"进行了阐述。我会在后文中作详细介绍。

名为"明智光秀"的机关

从现在开始，在对有三英杰出场的《国盗物语》的分析中，我将特别关注司马先生通过小说传达的观点。

如前文所述，司马先生为了捕捉历史的风起云涌，设置了一个机关。虽然小说两部分的主人公分别是斋藤道三和织田信长，但是司马先生在小说中安插了明智光秀[7]的视角，此人来自三面环山、因循守旧的美浓国。

织田信长以惊人的速度走在时代之前。但是，如果从步伐和织田信长一样快的人的视角来看，是体会不到这种速度的。因此，司马先生采用了明智光秀的视角，换言之，就是用室町幕府式的陈旧观点来反衬织田信长超越时代、一马当先的形象。从中世冲向近世的织田信长与希望一直停留在中世的明智光秀形成了鲜明对比。

司马先生对那些四肢发达的英雄豪杰并不心怀同情。被他特别关注的是明智光秀、黑田官兵卫[8]、大村益次郎等智慧型的谋士，可以说司马先生非常擅长描绘这些人所看到的权力体。

为什么司马先生不从站在顶点的织田信长、丰臣秀吉、德川家康的视角来描写呢？我认为这体现了他对客观性的重视，因为昭和前期没有关于权力和国家的客观观点。这也是关于日本走错路的反省吧。

作为合理主义者的织田信长

织田信长在《国盗物语》中是一个纯粹的合理主义者。

织田信长有非常罕见的性格。他仅把人当作功能看待。强化织田军团，掠夺其他国家，最终夺取天下，为了把这个"目的"变成一把利刃，织田信长要凝聚全部亲戚和家臣的力量。

仅根据个人能力选用、提拔下属，有时筛除部分，情节严重则驱逐甚至处死。这真是可怕的人事制度。

在作品中，织田信长遣使下达命令，转封光秀其敌人毛利氏的领土——出云国和石见国（都位于岛根县），同时收回他的原封地近江国和丹波国。对此桩往事，明智光秀感慨道：

信长对待自己的家臣，就像一个喜爱凿子的木工，严格挑选各种凿子，并且通晓每一种的功能和用途，可以恰到好处地使用它们。……光秀之所以能有今天，完全是多亏了信长那种近乎偏执的对工具的喜爱。

这一点与司马先生在《这个国家的形象》中对织田信长的评价有相通之处。

> 织田信长最终只是把人当作工具。既然是工具，那么就越锋利越好，或者用途越广泛越好。

总而言之，织田信长能看到每个人的特点，这可以说是近代社会的一大特征。另一方面，在明智光秀这样的仍然对中世无法忘怀的"常识之士"的世界里，评判一个人的标准不是其功能，而是其与生俱来的家世和所属地。不管凿子是否锋利，价格都取决于它由谁打造、产自何地。出自名家之手的凿子自然锋利，整个社会就是在这样的前提下运转的。我认为人们这种安心感、安全感和信赖主要来自天皇制度。

然而，天皇制度是非常灵活的，它可以一边更换外围的"凿子"，一边根据所属原则仅保留其轴心。在阅读了司马先生的作品后，你会发现一个线轴一样的结构：中空，线一圈圈、一层层地缠在外面。

丰臣秀吉为何能够大显身手？

接下来，我们一起来看《国盗物语》中的丰臣秀吉是一个什么样的人。对丰臣秀吉的性情，司马先生有"善捕人心"（人たらし）的评价。

> 这个男人（秀吉）善于读人心。可以说是这方面的能人。

面对用残暴的手段处置家臣的织田信长，丰臣秀吉越发感到不安，想着"我再怎么拼命，最终也可能被杀掉"。于是，他以自己膝下无子为由，将织田信长的四子收为养子，让他继承自己的位置。

> 从这一点就可看出，秀吉敏锐地看透了信长的心思。

司马先生指出，秀吉为了不辜负信长的厚望，确实在真心诚意地为其效力，但他察觉到锋芒过盛反而会招致主君织田信长的嫉妒与猜忌。

秀吉从小吃苦，早已洞察人情世故。

然后，秀吉向信长进言：如果能够打败毛利氏，成功征伐中国地方，请准许他继续攻打九州，因为他没有任何统治中国地方的欲望；在实现了征服九州的愿望后，他在那里的统治将仅持续一年；将九州归还后，他会接着攻打朝鲜，希望信长最后能够将朝鲜赏赐给他。对此，信长大笑着说："筑前（秀吉）真是大度啊！"

《这个国家的形象》中也有与上述评价相通的记述。

秀吉很早就看透了信长的本质。在这个彻底的唯物主义者面前，他塑造了自己舍己奉公、甘当工具的形象。

信长只把人当工具看，秀吉则故意把自己塑造成工具，因此君臣关系进展顺利。秀吉得以在信长手下为实现天下统一大业鞠躬尽瘁。

众所周知，丰臣秀吉"善捕人心"，这个表述也出现在井原西鹤的《好色一代男》中。《好色一代男》是元禄年间

的"浮士草子"①，描绘了风流倜傥的富家少爷世之介与
3742 名女性和 725 名男性发生关系的故事。书中，"善捕
人心"是等同于"欺骗他人""蛊惑人心"的贬义词，司马
先生赋予其赞许的意思，很好地诠释了秀吉对人的内心世
界的洞察力。

司马先生将秀吉刻画为在日本式组织中步步高升的典
型形象。在日本经济高度成长期，"猛烈社员"② 读着秀吉
的故事——一个不光能力强而且性格开朗、惹人喜爱的正
面角色一步步出人头地——会有很强的代入感。

我认为，日本社会从某种意义上而言是一个容许"下
克上"的社会，这多半也是从中世末期开始的。江户时代
建立的等级森严的身份制度，以明治维新为契机被逐渐废
除，我想这是与丰臣秀吉出人头地的故事有关的。

家康的动机

德川家康在《国盗物语》中也被刻画成了一个非常狡
猾的人物。信长打败了劲敌武田氏后，作为对长期以来的

---

① 日本江户时代小说体裁，又称"浮世本"，井原西鹤是创始人。
② 工作狂。

盟友——家康的回报，却只赏赐了骏河一国。但当时的情形是这样的：

> 家康对于这点薄赏没有流露出丝毫的不满。他细细地揣测着织田信长的心思，做出喜出望外的样子。

随后，家康派家臣前往安土致谢。也就是说，他之所以夸张地故作喜悦，完全是为了让织田信长对他放心。就这样，家康作为一个会隐藏内心想法的韬光养晦之人，被描绘出来。

家康的行动里藏着他的生存之道。正可谓，"阳"之秀吉，"阴"之家康。也可以说他俩一个能言善道，一个沉言寡语。事实上，也许家康在家臣面前是一个能说会道之人，但是就对社会的影响而言，他并不是一个多言之人。司马先生选用了后一种特性。

三英杰对后世的影响

综上所述，虽然织田信长、丰臣秀吉、德川家康是三个完全不同的人，但是我认为他们的个性无疑都对之后的日本以及日本人的精神产生了深远的影响。思考至此，就要提到一个重要的关键词，那就是"世俗化"。

司马先生把信长塑造为一类日本人的代表，这些人表面上敬重神佛这类超然的、绝对的存在，实际上却只是考虑自身利益。但是，这个时代之后的所有日本人身上或多或少都有这种倾向。因此，和中东或西方世界不同，日本历史上除了一向一揆①、岛原之乱②，并无其他因宗教问题而导致大量人员死亡的事件。也就是说，在日本，世俗权力高于宗教权威。

拥有世俗权力的秀吉是以利用为目的，才保留了作为宗教权威的天皇和本愿寺。德川家康通过设立高家⁹将室町幕府的残余势力保存下来，也是为了装饰自己的政权。

比如说，新年伊始，德川家会将在江户参勤③的大名

---

① 日本佛教史事件。"一向"指一向宗，即净土真宗；"一揆"是团结一致，共同御侮的意思。意为真宗起义或真宗暴动。
② 即岛原、天草起义，1637年（阴历）10月，九州西部岛原半岛和天草岛的农民（多信奉天主教），因不堪封建剥削和宗教迫害而发动武装起义。
③ 各藩大名到江户谒见将军并留在幕府供职一段时间。

召集在大广间①，举办酒宴，让能乐艺人观阿弥、世阿弥的子孙——观世家表演"四海波静……松树真是吉祥喜庆"等谣曲。此时，高家的职责是把斟酒等礼节做周到。另外，高家还是在天皇和本愿寺之间起桥梁作用的人。

世俗权力将宗教权威打压后并加以利用，这就是日本的近世。就世俗性而言，三位英杰是相同的。尽管如此，信长是唯一试图从正面摧毁中世权威的人。

正如我之前所述，近年来的很多研究认为织田信长更接近中世旧势力，而不是崭新的势力。但信长具有和之前的武家不同的、否定中世的思想，这一点是毋庸置疑的。

火烧比叡山就是有力的证明。曾经，平清盛在京都祇园与比叡山僧兵发生冲突，在这个过程中，他的手下向僧兵放箭，引发了猛烈反击，险些因此垮台。即便如此，平清盛也没有对比叡山发起火攻（只是封锁陆路）。直到信长出现，才终于把长期被武家视为禁地、不可攻陷的比叡山付之一炬。

由此可见，平清盛与织田信长两人都既有创造时代的

---

① 江户时代，大名谒见将军时所处的房间统称为伺候席，按谒见者的出身、职位等标准分为七个等级：大廊下、大广间、溜间、帝鉴间、柳间、雁间、菊间广缘。

革新者的一面，又有暴力的一面。在经济和货币流通方面，两人也有共通的创新意识。

司马先生的作品为什么长销不衰？

在《国盗物语》中，司马先生也生动地展现了火烧比叡山时信长对僧侣深恶痛绝的形象。当信长下烧讨令时，代表旧时价值观的明智光秀曾尝试劝阻，提到比叡山延历寺的传统以及朝廷对该寺院的尊崇。对此，信长是这样放话的：

> 你要袒护恶人吗？……这群家伙整天口口声声求老天护佑国家平安，保佑王法，保佑天子龙体无恙，但这些都不可能灵验。
>
> （佛）本身就有罪。邪僧就在眼前为非作歹，从七百年前到现在一直如此却未受佛罚，这还不能说明佛的失职吗？我要用大铁锤把这些佛像砸个稀巴烂。
>
> （佛像）是用金属和木头造的吧。
>
> 敲碎旧世的獠牙，开创新世，这是我弹正忠（信长）要干的大事业。佛挡杀佛。

相反,司马先生笔下的德川家康则完全是个现实主义者。德川家康把中世和中世以前的古代权威——天皇、室町幕府收归到自己的政权之下。这种个性与不喜欢完全否定一件事的日本人的国民性是相吻合的。也就是说,司马先生把德川家康描绘成了最符合日本人个性的人物。

但是,司马文学的有趣之处还是在于刻画与传统日本人不同的人物。《国盗物语》中的信长自不必说,坂本龙马、在日俄战争中击沉俄国波罗的海舰队的参谋——秋山真之[10],也明显与以往的日本人不同。

一般而言,武士为方便戴头盔而剃月代头——把头顶中部的头发剃光,梳丁髷(音同区)。坂本龙马却放任头发变长,然后一把扎起。秋山真之同样如此,一般海军军官的着装都干净整洁,只有他在军舰上经常衣衫不整。不过,据说正是这种自由的个性使他最终夺取了胜利。光从这一点来看,坂本龙马和秋山真之果真不是普通的日本人。

以他们为主人公的《龙马风云录》和《坂上之云》是司马先生最广为人知的代表作,至今仍是热门畅销书。

我希望大家注意的是,司马先生的大多数读者,应该是如德川家康一般能创造权力体的普通日本人。在过去的势力面前灵活让步，有时需要一定的忍耐力。织田信长、坂本龙马与普通日本人格格不入，因此日本人在读他们的故事时，会感到非常畅快。

这就是司马先生为我们提供的史实中的"自由"，应该称之为"司马式自由"。在司马先生的作品中，日本人发现了快乐，为自己无法达成的英雄伟绩而雀跃，因而乐于在历史长河中遨游。

日本和日本人的两面性

司马先生虽然厌恶信长的凶残暴虐，但也欣赏他讲求合理性的一面。即便是在写《国盗物语》里火攻比叡山的一幕时，也会评价道，正是信长的合理主义开创了日本的近世和近代。关于权威、信仰之类的东西，中世之人并无因果关系相关的依据，却煞有介事地称其有效，书中刻画了信长对此持否定态度的形象。

这种粗暴之人、价值紊乱之人的出现，打开了潘多拉的魔盒，也打开了近世、近代的大门。为了顺利推进统一大业，丰臣秀吉做了准备工作，他创建的石高制和军事国家的基本系统都被德川家康继承。家康学习了武田信玄的军事制度，移封关东后，又向北条氏学习了统治天领①。重视当地世家，沿用秀吉实行的石高制等制度——这就是司马先生认为家康"不是独创者"的原因。

但是仔细一想，日本社会本身就有重视路径、不喜激变的倾向。经济史中常出现"路径依赖"一词，重视之前经历过的所有事情的人最后夺取了天下，这是常有的事情。也就是说，信长这类破坏路径的人最终会被淘汰。书中也有这方面的描写。如此想来，可以说，《国盗物语》这部文学作品中，有关于如何在日本社会更好地生存的启示。

信长通过暴力统治国家，建立了中央集权制度。我认为，司马先生通过《国盗物语》所想表达的，是在那之后的日本或者日本人的两个方面。

其一是保持合理积极的现实主义，不为任何事情所困，这是正的一面。另一方面是掌权者要求下面的人拥有过度的忠诚，通过上情下达来推动权力机制的运转，这是负的一面。从信长开始，世俗权力本身就是暴力的，当帝王权威被肆无忌惮地利用，不受控制，这种力量就变得无人能够阻拦，直到遭遇失败为止。近代日本国家作为天下人织

---

① 将军领地。

田信长所创立的权力体的直系子孙，就有过这样粗暴的、可怕的一面。

这种两面性在战国末期的日本，以天下人，也就是"公仪"这种形式出现。在《国盗物语》中，司马先生精彩呈现了日本陆军的"先祖"从浓尾平原崛起的整个过程。

经济高度成长期的时代背景

昭和时代的战争结束后，在《日本国宪法》之下，很长一段时间里，军事、天皇、宗教是被禁止讨论的话题。但是，日本已经进入了无法回避这些话题的时代。奥姆真理教制造的一系列事件暴露了宗教问题；海湾战争以后，我们不得不直面军事方面的争议和日本的安全问题。

在讨论这些问题之际，司马先生的视角——国家与军事力量的关系、军事力量的失控及终结的过程——就变得非常重要了。从这个意义上而言，对于生活在21世纪的我们而言，《国盗物语》是一部暗含许多启示的文学作品。

同样值得思考的，还有创作这部作品的时代背景。《国盗物语》在杂志上连载的时期是1963年至1966年，正值日本经济高度成长期，从业人群以复员军人为主。在这些人为了建设一个新的国家而努力工作的时候,《国盗物语》问世。

失去国家的人夺取国家的故事,我认为这样的情节一定能引起读者的共鸣和同情。而且,在致富的过程中,战前非理性的思维遭到否定,大众社会逐渐形成。可以说,《国盗物语》能够深入人心是顺理成章的。

在这个时期,虽然一部分人仍持有旧时代的思想价值观念,但是摆脱旧思想的步伐已经迈开。大量人口从农村涌入城市,把家安在城市。我认为,这个时期日本人的大规模"转移"值得引起我们的关注。所谓"国盗",就是那些为了夺取天下而不断移居的人的故事。通过移居创造新时代。在通过夺取领地来开创新世界的故事中,很多新来的城市居民发现一些人物的境遇与自身相似。

进一步说,无论对公司而言,还是对个人而言,经济高度成长期都是一个竞争的时代。所谓"学历社会",往往让人想到学历决定一切的区别对待现象。但反过来说,它体现的是一种自由竞争,只要有学历,无论谁都可以在社会上出人头地。要知道,在旧制高中仍然存在的年代,只有官员、教师、地主、寺院神社和富商家的子女才有入校资格。

　　随着城市化的发展，普通工薪阶层和商店店主的孩子也加入到考试竞争中。这就是大众社会的到来。而且，随着公司规模的扩大，只要从大学毕业，就能够找到与专业相符的岗位。对于个人而言，成功也并不那么遥不可及。这样的时代背景，也是讲述个人成功的《国盗物语》获得大众支持的重要原因。

注释

　　1.《国盗物语》：新潮社，新潮文库，全四卷。由前篇（第一、第二卷）和后篇（第三、第四卷）组成。前篇讲述战国时代的斋藤道三以盗国为目标，从一介卖油翁努力爬上高位的故事。后篇讲述斋藤道三的女婿——织田信长（1534—1582）以天下布武为目标而奋斗的故事。是打破中世的陈旧秩序，开创近世新时代的英杰的故事。最初版本于1963年8月11日至1966年6月12日在《Sunday每日》（サンデー毎日）上连载。

　　2.《这个国家的形象》：文艺春秋，文春文库，全六卷。汇集了司马先生在人生最后十年里所写的思考日本建国过程的121篇随笔（第121篇未完成）。最初版本于1986年3月至1996年4月在《文艺春秋》上连载。

　　3. 守护大名：室町时代的守护也是幕府控制地方的机关，与镰仓时代相比，对领地的控制力度大大增强，在将军继嗣的选定上也有发言权。虽然有些守护，比如岛津、今川、武田氏在后来成为战国大名，但是大多数都在下克上的战争中没落了。

　　4. 吉田松阴：1830—1859。幕府末期的尊王思想家、长州藩士。前往长崎、江户游学，学习兵法。曾密谋趁马休·佩里率领的美国舰队再次到来之际偷渡留洋，因失败而被捕入狱。在山口县荻市开设松下村塾，培养了高杉晋作、久坂玄瑞、伊藤博文等幕府末期的有志之士。在"安政大狱"事件中被处死。

5. 高杉晋作：1839—1867。幕府末期的长州藩士。1864 年，为了应对四国联军舰队的袭击，创立组建了不拘泥于身份制度的奇兵队。将藩内的议论发展为倒幕运动，在第二次长州征讨中于小仓口击退幕府军。

6. 山县有朋：1838—1922。明治、大正时代的军人、政治家。出生于长州藩，曾在松下村塾学习。明治维新后前往欧洲考察，确立了征兵制度。首任参谋本部长。历任政府要职，将贵族院与官僚势力集结起来，二次组建内阁。

7. 明智光秀：1528？—1582。战国时代、安土桃山时代武将。虽然曾被织田信长重用，但是仍然决意谋反，突袭信长所在的京都本能寺，致使信长自尽。在不久后的山崎战役中，被羽柴（丰臣）秀吉打败，逃亡途中被农民袭击，自杀身亡。

8. 黑田官兵卫：1546—1604。本名为黑田孝高，官兵卫为俗称，号如水。安土桃山时代武将。在侍奉织田信长后不久，作为羽柴（丰臣）秀吉的心腹重臣积极效劳。因水攻备中高松城而成名。秀吉去世后，在关原战役中联合加藤清正一起攻打九州的西军。

9. 高家：江户幕府受老中（江户幕府职名。职位大致和镰仓幕府的连署、室町幕府的管领相当）支配的官职名，抑或就任此官职的家族。由畠（音同田）山、吉良、今川等室町幕府的名门子孙世袭，掌管敕使接待、日光东照宫参拜等幕府仪式、典礼。虽然俸禄低于大名，但是官位和大名相当。

10. 秋山真之：1868—1918。明治、大正时代海军军人（中将）。出生于松山藩。曾赴美留学，观美西战争。日俄战争中，在东乡平八郎司令的统率下，担任联合舰队的作战参谋。被誉为海军里的军事学家。

第二章

幕府末期——巨大转折点

为何要描写配角、失败者

描写了时代巨大变革的司马辽太郎先生还创作了许多关于幕府末期的作品，重要性与以战国时代为背景的作品相当。为何选取这两个时代？理由不单纯是战争多发。战争只是结果。

人类的历史就是动荡期与某一体系的持续安稳期的交替。这与地震活跃期与平稳期的交替非常类似。战国时代之后的活动期是幕府末期。将中世破坏摧毁，开创近世——江户时代的过程是"战国"；将江户时代摧毁，迎接明治时代的过程是"幕府末期"。司马先生作为"动态作家"，会关注动荡的变革期，希望向人们讲述这个时期的故事，这是理所当然的。

我在序章中提过"着眼大局，着手小局"，司马先生选取的人物故事都是时代大变革的缩影，这些人物必须能够引起读者共鸣。司马先生笔下的人物与历史都真实而生动，对于这样的作家而言，存在与人物相关的描述性历史资料这一点是非常重要的。

此外，我认为司马先生还选择了那些虽然称不上是权力核心，但是离权力核心非常近的人物。他们也可以说是权力核心的配角。对这些配角的刻画也是司马先生的作品所特有的风格。

《龙马风云录》[1] 讲述了出生于土佐的浪人成功变革时代潮流的故事，书中的坂本龙马就是一个具有代表性的配角。此外还有亲幕府武士组织新选组的故事《燃烧吧！剑》[2] 中的土方岁三，讲述明治维新历史，以萨摩藩国为背景的群像剧《宛如飞翔》[3] 中的西乡隆盛和大久保利通，以及以长州为背景，讲述近代国家建立之初的动向的《栖世之日》[4] 中的吉田松阴等人物。

与书写幕末时期的其他作家相比，司马先生最显著的特征是既刻画了倒幕派人物，也按类别刻画了佐幕派人物。对两方人物进行描写的作家出人意料地罕见。以上一章提到的《国盗物语》中的明智光秀为例，司马先生在作品中插入了逐渐消亡的社会体制的视角。同样，在以幕府末期为背景的作品中，也有将失败一方的人物作为主人公的情况。例如，在《王城的护卫者》[5]中，主人公是会津藩主松平容保；《峠》[6]的主人公则是长冈藩的河井继之助。

也许在描写时代动态变化的时候，主要刻画推动时代的那一方，也就是推翻幕府的萨长[①]派的人物，是理所应当的吧。司马先生对这个时代的考察似乎更深入。河井继之助虽然在思想上非常接近近代人物，但是环境原因使他没能跟上推动时代的"近代化"的浪潮，反而被其吞噬。

在司马先生笔下，即便是失败者，也会在具体情况下加入推动时代的一方，为创造近代日本发挥巨大作用。

何谓明治维新？

司马先生发挥上述本领所创作的作品是《花神》[7]。我认为，这部作品是司马辽太郎全部作品中最出色的。

主人公大村益次郎（原名村田藏六）是长州藩一村医

---

① 萨摩藩和长州藩的简称。

之子，习兰学①、洋学和兵法之后不久，带领新政府军队取得了戊辰战争②的胜利。明治维新以后，他进行军事体制的改革，事实上为明治国家的陆军建设打下了基础。但是，全民皆兵的激进改革引起了原长洲藩武士们的不满，大村益次郎被刺杀身亡。

司马先生所著的《花神》，通过大村益次郎的视角，探究了把江户时代更替为明治时代的因素。

何谓明治维新？从军事角度而言，也许这么说稍显夸张：明治维新是身穿铠甲的武士所组成的以火绳枪为武器的军队，被装备西式来复枪和来复炮（阿姆斯特朗炮）的军队所驱逐的过程。顺便说一句，来复枪和来复炮有以下特点：圆筒状的枪体和炮体内刻有螺旋状的沟槽，子弹旋转着飞射出去，射击的精准度、射程、杀伤力比起老式枪炮都有质的飞跃。

阿姆斯特朗炮尤其威力无穷。这是一种从后部装入炮弹的火炮，由英国的威廉姆·阿姆斯特朗爵士于1855年设计开发。阿姆斯特朗炮不仅在美国南北战争中，也在日本

---

① 日本锁国时代通过荷兰传入的西方科学文化知识。
② 1868年，日本维新派统一全国的战争，新政府军与幕府军进行的内战。——编者注

的戊辰战争中被使用。司马先生也创作了一篇题为"阿姆斯特朗炮"（《小说现代》，1965 年 9 月）的小说，描述了驻守在上野宽永寺的彰义队被炮火击溃的过程。

最先将这种火炮运用到戊辰战争中的，是当时日本国内军事技术水平最高的佐贺藩。佐贺藩派出同宗的武雄这个地方的士兵作战。由于武雄士兵的勇猛和佐贺藩所持火炮的威力，战线并没有拉得太长，人口达三千五百万的国家的内战在短时间内就见了分晓。就连会津藩士兵所驻守的难以攻陷的若松城，也被佐贺藩士兵的火炮打得落花流水，最终不得不打开城门。因为佐贺藩士兵持有连发式的来复枪和铁制的来复炮，所以他们在戊辰战争中的死伤率非常低。

就像这样，拥有西方式军队的人建立了明治新政府，创建了海陆军战队。然后，为了维持这种状况，建立了全国统一的法令和君主制度，实行征兵，建立了所有男子都必须参加国家军队的"国民国家"①。

当时，从国际形势来看，转变为国民国家是时代潮流，无法实现此转变的国家就会沦为殖民地。到底是成为

―――――――――

① 日语词汇，与英语 nation state 意思相近，指单一民族独立国家。

国民国家，还是成为殖民地，国家面临的选择只有这两种。当日本被卷入这股时代浪潮时，推动历史发展的是将军事现代化，也就是将军事西方化的人物——大村益次郎。

当革命开始腐败

司马先生把大村益次郎称为"技术者"。《花神》中有一个以"说点题外话"开头的非常重要的段落，虽然字数较多，但我还是想介绍给大家，因为这部分内容也和上一章所提及的"革命的三个阶段"相关。

那么，说句题外话，这部小说的主题，是在大变革时期或者说革命时期登场的"技术"的意义。所谓大革命，都是从某位思想家出现后又死于非命开始的。就像日本的吉田松阴。然后进入了战略家的时代。在日本，这样的人有高杉晋作、西乡隆盛，他们也没能尽享天年。接着登场的是技术者。这里，技术既可能是科学技术、法制技术，也可能是藏六（大村益次郎）后来负责的军事技术。

就长州的陆军而言，第一阶段的预言家是吉田松阴；第二阶段的实行者是高杉晋作；最后是继承了于明治二年（1869 年）去世的大村益次郎的革命事业并取得革命成果的，是陆军元帅——山县有朋。

大家应该都知道，山县有朋不仅长期统帅陆军部队，也是政界和官场的支配者。他奠定了日本陆军的基础，而聚焦于他的恩师大村益次郎、成功描绘了时代变革的作品，就是《花神》。

关键在于，革命之初出现了理想主义预言家，接着出现了革命的实行者，最后摘取革命成果的权力者也诞生了，这时，革命开始腐败。

陆军中将三浦梧楼曾加入高杉晋作所组建的奇兵队，参加革命，他的回忆录很好地再现了山县有朋的权力体开始腐败的瞬间。在戊辰战争进入高潮后的一天，三浦梧楼前往山县所在的大本营领取军饷。他拿到微薄的军饷之后，山县又给了他一笔包含交通费在内的旅费。三浦写道，他打开装旅费的信封一看，发现竟然是一大笔钱，在这一刻，他意识到他们所做的事正在变质。

创作活动的出发点

司马先生在第二次世界大战时被征入伍，分配至陆军部队，前往中国东北的"满洲国"。关于这段经历，司马先生在《这个国家的形象》中记述道：

> 如果苏联更早加入对日作战，……我应该已经死在能将战车刺穿的苏联穿甲弹之下了。

对于四五年前同样在伪满洲国发生的事件，司马先生不断进行思考。终于，从未就昭和时代写过小说的司马先生开始围绕"诺门坎事件"进行多次取材。

该事件发生在 1939 年 5 月至 9 月，日本关东军与苏联、外蒙古联合军队发生了武装冲突。号称"最强军队"的关东军惨败，死伤超过七成。苏联的 BT 坦克无论是攻击力还是防守力，都远超日本的坦克。

> 在诺门坎事件中，日本的八九式中型坦克、九七式中型坦克[8] 向对方射击的效果就像扔炭球，而对方

的炮弹却能轻而易举地击穿我们。

司马辽太郎先生曾经是坦克部队将校，因此他对坦克的性能一定有所了解。虽然日本陆军在九一八事变以后，就开始加大力度组建机械化部队，即坦克和装甲车部队，但是由于没有预料到战争会发展为坦克与坦克的对战，所部署的坦克在装甲及性能方面都存在致命缺陷。或者说，虽然大家意识到了这个不太有利的事实，但是都没有往深处想。

为何当时的陆军会对这种不合理的状况睁一只眼闭一只眼呢？"不深入思考"的日本式习惯是如何形成的？明治时代的日本军队总有一种要用最新、最强的武器压倒对方的精神，那么从何时开始，日本变成了一个不具有这种精神的国家呢？这些问题，正是司马先生的创作活动的出发点。

因生命受到威胁而产生的疑问

事实上，明治时代的日本军队致力于研发最新、最好的武器，比如枪支中的村田式步枪、有坂式步枪，火药中的下濑火药，然后用它们作战。然而，可怕的是，这些装备基本没有更新换代，一直使用到战败。而那个时候，对手却已经研发了喷气式飞机、核武器之类的威力强大的武器。

我想起自己的一个学生在加入自卫队时，说过这样的话："日本军方历来认为所有事物都应该保持原样，经久不衰。回顾历史，所谓军事组织，就算刚加入的时候还是像丰田汽车这样的公司，不用等到退休，就是在那里工作几年、几十年后，也该自然而然地变成全日空、日本航空这样的公司。"

就拿第一次世界大战来说，最初还只是步兵作战，没过几年就发生了巨大变化：坦克出现了，气球侦察手段也发展为双翼机空战。因此，一旦加入军事组织，就要有灵活应变的头脑。从我作为历史学家的角度来看，日本竟然基本没有出现这样的人物，这真是不可思议。

不管怎么说，是日本陆军让年轻时候的司马先生坐上被称为"奔驰的棺材"的坦克，而创造这个军队的人是大村益次郎。可以说，司马先生是因自身生命受到威胁而产生了挑战重大课题的念头，从而写出了《花神》这部作品。由此可见，司马先生在写这部作品时的动力有多强大。

　　我个人在阅读大部分历史小说和时代小说时，往往读着读着就觉得小说内容和自己迄今为止所接触的史料之间有很大出入。也就是说，读到的尽是与真实历史不符的内容，没有身临其境之感。《花神》却不一样。

　　我甚至前往大村的老家，调查研究了遗留下来的隔扇。司马先生所描绘的大村的形象，逐渐与我看到关于大村的原始史料后得出的结论重合，真是一种不可思议的奇妙体验。由此可见，司马先生的描绘是多么接近现实。大村是一个具有明显特征的人物，因此他的形象确实比较容易勾勒。围绕历史人物的真实形象进行描绘，从这种意义上而言，《花神》堪称司马文学的精髓。

从织田信长到大村益次郎

　　我们来看看，在《这个国家的形象》中，司马先生是如何描述大村益次郎这个人物的。

　　　　不仅沉默寡语，而且为人冷漠。例如，在上野战争中，他将萨摩军派往黑门——预计战斗最激烈的地点。据说在军事部署的会议上，西乡在席间非常吃惊地问道："难道打算杀光萨摩军吗?"大村回答道：
"是的。"

或许和农民出身有关，他对藩士的藩国意识反应
迟钝，倒不如说是视其为新国家的敌人。他甚至不尊
重武士。

这里所表现的大村的合理主义，与信长相比有过之而
无不及。他对身份制度也没有太大兴趣，只要方便，可以
立刻抛弃既有价值观，接受新的价值体系。我认为，在
1960年代至1970年代的日本经济高度成长期，经历过战
争的一代人一定对大村的生存法则有深刻体会，尤其是复
员军人。

解剖学家养老孟司说过，日本人在战争中会被无形的
"思想"折磨。称日本是神之国度的"神州不灭"，即使轮
回七次也要报效国家的"七生报国"，被灌输此种思想的日
本人倒了大霉。所以，坚定不移地相信可见的、现实的事
物的合理主义一代长大后，在经济高度成长期一下子迈向
了物质文明。

我认为这是非常有说服力的观点。司马先生也许就是
被上述思想折磨的人之一。不探讨战斗力、坦克和军舰的

性能之间的差距，而是"靠着精神力量进行突击"，司马先生被这种非合理主义的精神论送上战场，九死一生。正因为如此，他才认为有必要提倡合理主义，重视合理主义哲学。为证明这一理念是对的，司马先生与大村益次郎相遇。

后来变成了一个不合理组织的日本陆军，是由一个非常讲求合理性的人物创造的。和这样的人物的邂逅，孕育了《花神》这部杰作。

历史观之"组织变质"

司马先生说过："我们就像井伊家的军队。"浮现于脑海中的画面，是士兵身穿只可能成为敌人靶子的名为"赤备"的鲜红铠甲，摆着密集阵型慢速前进。

赤备原是甲斐国武田军的装备，后来武田家被灭，隶属于武田家的真田信繁等人的军队，和充当德川家突击队的井伊家，都采用了赤备装束。

因为井伊家是负责统一天下的德川家的先锋部队，所以这种红色甲胄可以说是江户时代武士界的价值巅峰。也就是说，全日本的武士普遍认为，能成为与井伊赤备军一样的武士就好了。

然而，在德川家攻打长州藩的第二次长州征伐战中，井伊赤备军在近代西洋式枪队面前遭遇惨败。战国时代的武士只有长矛、火绳枪和弓箭，即使他们跑在射程五百米的迷你来复枪前面，也不可能战胜西洋式军队。

如前文所述，作为合理主义化身的大村益次郎原来所打造的日本陆军未必是这样的。日本陆军在其诞生时所具有的合理性去了哪里呢？在怒其不争的同时，司马先生写了《花神》这部作品。

"组织变质"是司马先生历史观中重要的一点。虽然最初怀有理想，但是随着体制老化，便开始做荒谬的事，这是古今东西所有组织和人物都会碰到的问题。时代也随之变质。我想这种变质也体现了历史的动态、活力。

改变时代的合理主义者

司马先生在《花神》的跋中写道：

总之，藏六（大村）是一个哪里都能见到的平凡人物。他和普通人，尤其是其他日本人的唯一区别在于，他是合理主义的信徒。

　　大村应宇和岛藩的委托，制造了一艘日本国产汽船。在藩主伊达宗城搭乘汽船试航之际，家老①松根图书看着前行的船只，激动地说道：

　　　　"村田，这不是在前进嘛。"松根图书回过头大喊道。藏六却表现了他的坏脾气。"前进不是理所应当的嘛。"据说这句话让松根怒上心头。

　　大村益次郎的合理主义有时会触怒旁人。但是，司马先生通过对大村这种可能与他人产生矛盾的"和其他日本人不同的地方"进行描写，表现了合理主义者推动时代变革的力量。大村这样的人物在时代变革期出现，引领日本的发展，时局稳定之后，日本人一下子就舍弃了合理主义。司马先生的言外之意便是这样的历史循环。

　　大村之所以成为推动时代动向的领军人物，除了他是彻头彻尾的合理主义者之外，另一个不可或缺的要素就是"无私精神"，也就是不把自己的利益得失计算在内的客观性。

――――――――――――

① 日本江户时代诸藩中辅助藩主总理藩政的最高官职。

但另一方面，这种客观性也导致了同理心和情感的缺失。

虽然不具备上述两点的人会被称为"异类"，但是如果没有这样的人物，就无法改变失去合理主义的日本社会。这和如果没有残暴的织田信长，就无法改变战国时期的日本社会是一样的道理。由此可见日本的病根埋得有多深。

大村益次郎是一个与"思想"相隔甚远的人物。他的判断只基于某个事物实际上是否有效，能否带来便利。在司马先生看来，这种现实主义和合理性正是最终取得胜利，推动时代发展的关键因素。

"1970 年安保斗争"与三岛由纪夫

1969 年至 1971 年，《花神》在报纸上连载，这期间恰巧发生了"1970 年安保斗争"。司马先生的作品中也出现了"以身殉道"的人物，也就是与大村益次郎完全相反的人物。他们是固守长州藩和江户时代的僵化思想的人，诸如池田屋事件[9] 中的吉田稔麿、蛤御门之变[10]（禁门之变）中的久坂玄瑞，还有在思想上支持他们的久留米藩的真木和泉等人。

吉田稔麿是长州藩志士，他听闻同袍在池田屋遇袭，立刻只身前往，最后被杀死。久坂玄瑞这样相貌英俊、剑术超群的人中龙凤，却因为参加不现实的蛤御门之变而死。他们的理论领袖——真木和泉是祭祀河童的久留米水天宫的神官。

真木和泉的想法近乎疯狂。他打算召集四方各路以天皇为重的志士，将天皇护送出宫，前往大和国，在吉野山驻扎，一边对抗幕府，一边与外国军队作战。

也就是说，一支由背景各不相同的志士自由拼凑而成的杂牌军，要同时与幕府和西洋军队对战。由此可见，比起现实，这些人更注重思想。他们的形象似乎与昭和时代同美国、中国、英国、荷兰、苏联开战的日本相重合。

此外，昭和四十五年（1970 年）11 月，《花神》连载期间，三岛由纪夫[11] 自杀了，他处于不再受旧思想束缚的日本人的对立面。这也是为什么司马先生作为旁观者，要对与僵化的思想水火不容的大村益次郎进行刻画。

对于三岛由纪夫自杀事件，司马先生没有书写任何同情的话语。《花神》中或许含有不要倾向于某一种思想的警示意味。他常使用"思想使人酩酊大醉""日本人的酩酊体质"等表述。

日本人总是认为"思想来自外部"（《这个国家的形

象》），对其进行吹捧，不知不觉中，集体的错觉就形成了。如果将酩酊大醉的集体整个朝着一个方向牵引，就会发生超出想象的事。司马先生敏锐地察觉到了这种危险性。

将目光投向医者

大村出生在一个村医家庭。因为武士的世界里没有合理主义者，所以大村学习了最先进、最前沿的兰学和兵法，最后完成了创造日本陆军这一壮举。这种合理主义和科学精神也许和他曾经是医生有着密不可分的联系。

除了大村之外，司马先生还将温和的目光投向了绪方洪庵[12]、松本良顺等医生。松本良顺是如今的顺天堂的创立者。以前，医生都以卖出多少袋药为标准收取报酬，松本良顺采用了新的系统性收费制度，根据手术类别和处理措施来评级，收取诊疗费用。

那个时代的兰方医真的非常伟大。无论是绪方洪庵，还是松本良顺，基本都自掏腰包培养了很多弟子。贩卖水痘疫苗是可以赚很多钱的，但是他们并没有这么做，而是创建了一套救死扶伤的医疗制度。

再说句题外话，最伟大的可能要数绪方洪庵的妻子八重。她一生生育了七男六女，一边抚养自己的孩子，一边还要照顾绪方洪庵在大阪开设的适塾中那些爱胡闹的学生。其中自然有福泽谕吉[13]、大村益次郎、松本良顺。

> 医者在世间是为他人而不是为了自己存在的。这就是这个职业的宗旨所在。只希望能够舍己救人。

在挽救生命方面遵循合理主义的医者的身影中，司马先生或许发现了人类原有的崇高。

幕末现昭和陆军原型

司马先生心目中的领袖，会为了不让国家、集体误入歧途，不让个人陷入不幸而尽责尽力。站在他们对立面的，是那些被传统所绑架、深陷其中、固步自封的人物或组织，是沉浸在与合理主义不相容的狭隘"思想"中、麻木地参与同伴之间的异常行动的群体。

拿长州藩来说，"狂"字就是其精神象征。长州藩士将体现特定思想的行动歌颂为"狂举"，将楠木正成战于凑川的故事套用到自己身上，陶醉于其中，最后哭着说"我要勤王"。关于楠木正成的故事，这里有必要加以说明。

1336 年，楠木正成为了保护后醍醐天皇，与从九州率领大军进攻京都的足利尊氏决一死战。这一事迹被世人流传。足利军经山阳道向神户方向进军，与此同时，在濑户内海的海面上，满载着水军的船只也在准备登陆。

可是，后醍醐天皇的亲信们却对只召集到少量兵力的楠木正成说，士兵应该到城外防守，且应该派兵到神户附近的凑川作战。此乃无谋之举，楠木正成应当将敌方大军引入京都，占领以比叡山为中心的东山、西山等山岳地带，以游击战的方式使敌方疲劳作战，从而取胜。然而，这个"弃都"的意见没有被采纳。最后，楠木正成抱着必死的决心，上了凑川战场。虽然结局和预想的一样，楠木正成毫无悬念地惨败，但是他"即便死了，也要重生七次为南朝效忠"的精神代代相传。

无论胜负、结局如何，有不少日本人深深地被这种忠义至上的思想、精神所感动，因此至今都有人对这个故事赞不绝口。

那个时候的长州藩也是如此，一提到无把握取胜，就有人一边哭泣一边提出自己来勤王。这最终引发了蛤御门之变，不但没能保护天皇，反而导致京都二万八千多间房屋被烧毁。长州藩被天皇所厌恶，成为了朝廷的敌人。司马先生透过长州藩重视"思想"和"教条"的组织形式和精神，看到了后来的昭和陆军的原型。

坂本龙马是如何被"发现"的

遵循合理主义对时代进行变革的人并不是武士，而是像大村这样的村医，以及加入以奇兵队为代表的各种军队的平民。因此，司马先生所认为的"推动历史的人物"并不是单纯靠思想培养成的人物，而是像医生那样的合理主义者、有使命感的人，他们可以说是以"无私"的姿态领导组织行动的人物。从根本上说，这是对那些高举着"思想"和"教条"的旗帜，对合理主义视而不见，使国家陷入危机并把自己送上战场的人的反击，以及对此的反省。

正如我之前提到的，司马先生并没有打算就权力本身进行写作。这也许是因为一旦写权力，历史著作就会变成权力史著作，从而无法保持客观。司马先生在不同文本中都写道，对于刻画那些萨长出身、成为明治显官的人物，他是有抵触感的。以描写日俄战争的《坂上之云》为例，他选取的主要人物是虽"贼军"藩出身却担任联合舰队作战参谋的秋山真之，及其兄长、担任骑兵旅长的秋山好古[14]等。

直到战后某个时期，对并不怎么有名的坂本龙马进行"发现"和"宣扬"，这样的做法也是司马先生的独到之处。当然，坂本龙马绝对不是无名志士，但是随着一直活到明治时代的元老们受到的关注越来越多，坂本龙马在一定程度上被遗忘了。据说，在日俄战争期间，一个志士模样的男子出现在明治天皇的皇后、昭宪皇太后的床边，当时她正为与波罗的海舰队作战的日军担忧，这名男子对她说战争是没有问题的，之后就从梦中消失了。于是，有人说这男子一定是坂本龙马。龙马虽然有一定的知名度，但是他在战后社会中并不是家喻户晓的人物。

然而，在翻阅了明治维新时期的史料后，你会发现正是这位坂本龙马，屡次出现在历史上各个重要节点。司马先生应该也注意到了这一点。此外，龙马留下了很多有趣的书信，这或许令司马先生认为将其塑造成小说人物是比较容易的。不管怎么说，正是因为司马先生的小说，坂本龙马才开始成为国民英雄。

从这种意义上而言，发现大村益次郎的也可以说是司马先生。从战争失败中站起来，维持经济高度发展的日本人一定认为自己在开创新的历史。

在社会流动最剧烈的时代，一介浪人——以江户时代的身份制度来看，属于会被无视的人物——成为开创新时代的功臣，造就了《龙马风云录》；稳坐在身份系统顶端的武士的时代，被连剑道都没有学过的村医的合理主义战略和战术轻易摧毁，于是有了《花神》的故事。这些小说一定对战后日本人的心灵产生了重要影响。

我想对于司马先生而言，他之所以能够在这两部作品中尽情发挥自己的才能，也得益于丰富的史料和回想录吧。

幕末情景的启示

村医出身的大村益次郎成为长州藩的军事责任人，不久又成为日本陆军的创建者。这样的故事可以有另一番解读：普通公司职员创立了担当特殊使命的部门，拯救了整个公司，担任要职，让组织复苏。

随着时代的变迁，组织、国家可能要发生巨大变化，虽然我们尚不清楚变革的"技术"是什么，重任仍然极有可能落到自己头上。这不正是经济高度成长期的情况吗？正因为如此，当时的读者在读《花神》时，会产生强烈的

在大村益次郎去世后，意大利画家基奥索内根据相关人士描述所绘
肖像画
（国立国会图书馆收藏）

共鸣。

最大快人心的事发生在四境战争时。所谓四境战争，是长州方的说法，幕府方把它称为长州征伐。幕府将进攻都城并朝御所开炮的长州藩视为国贼，组织了十万大军围攻。长州藩在大岛口、艺州口、石州口、小仓口这四个国境入口迎击幕府军队，并将之击败。

但是，长州藩的武士们在赢得战争的同时也暴露了自己的弱点。

当趾高气昂的长州藩武士遭遇幕府军队围剿而手足无措时，出现了一位长相奇特的医生。这个人不要说盔甲了，就连军服都没有穿。他腰间插着团扇，其随从扛着很长的竹梯。此人正是在战时大显身手的大村益次郎。

可能因为是夏天，在战场上指挥的时候，大村益次郎穿着浴衣，戴着斗笠。作为一位合理主义者，他可能认为在炎热的天气里穿戴盔甲会消耗体力，是不合理、白费力的做法。另一方面，如果是用火绳枪交战，盔甲能够在一定程度上抵御弹药，但是那时候火绳枪已经逐渐被西洋枪支取代，子弹能将盔甲击碎，碎片进入体内反而危及生命。

大村益次郎胸有成竹地摇着团扇指挥战斗，既是为了消暑，也是为了让自己的头脑不因炎热而迟钝。

竹梯被用来架在普通人家的屋顶上，是侦查敌情时的必需品。其貌不扬，身穿浴衣，头戴斗笠，带着团扇和竹梯，怎么看都不像军人。然而，这却是幕末的一道风景线。

司马先生亲身体验过仅因军服上有一颗纽扣没扣上就要挨拳头的军队，相比之下，大村益次郎在战场的身姿实在令人惊讶。另外，说到大村益次郎的容貌，大头、宽额头、长眼、大耳、高鼻、浓眉，被称为"吹火达摩"。

所谓战争，会取胜的并不是服装整齐的一方，而是军事技术更强的一方。司马先生应该是深刻地认识到了这一点。

从对常识、形式的否定中取得发展

司马先生在《花神》中完全否定了日本人的形式主义。虽然合理主义的反面毫无疑问就是不合理主义，但是在大部分情况下，不合理是由形式主义造成的。

不仅在《花神》中，司马先生在其他作品中，都叙说了日本的发展是通过对常识主义、形式主义——诸如"因为一直是这样做的""因为一直是采用这种形式"——的否定实现的。

在领导力的各种要素中，司马先生更看重的也许是
"打破常识的能力"。即便自己无法打破常识，也能够发现
具有这方面能力和技术的人。以《花神》中的人物为例，
桂小五郎[15] 正好符合条件。此人是长州出身的政治家，之
后改名为木户孝允。他和西乡隆盛、大久保利通一起被视
为明治维新的三大功臣。

桂小五郎是一个很有洞察力的人。即便自身没有掌握
技术，他也知道在某个阶段什么是必要的。对超群的技术
型人才，无论其身份贵贱，他均予以重用。这样一来，他
发挥了不同寻常的领导能力。无论周围的人如何抱怨，他
都始终如一地保护自己起用的人才。这应该是被称为领袖
的人所必须具备的素养吧。

桂小五郎善于虚心借用他人智慧，这正是这个人
物作为政治家的魅力所在。

（我本来只是老百姓。）藏六（大村）一直有这样
的想法。然而，桂小五郎不信任大多数藩士，唯独看
重藏六。这件事让藏六深受震撼。

长州第一人桂小五郎把藏六当作同仁，平等对待，
而且信赖他。藏六内心的感动无以名状。

就像书中描述的那样，桂小五郎有非凡的领导能力，能重用像大村益次郎这样的奇才，充分利用其才能。顺便说一下，桂小五郎是长州藩藩医之子，并不是纯粹的武士。他重用大村可能也与此有关。

这两人的组合其实是日本式组织中非常成功的模式。拥有奇特才能的人物，从某种意义上而言，也可以被称为"极客"。具备常识的政治家或企业社长这样处于金字塔顶端的人物，使"极客"们的能力得到充分发挥。我认为，这就是司马先生通过这部小说向 21 世纪的我们展现的领袖的形象。

注释

1.《龙马风云录》：文艺春秋，文春文库，全八卷。描写了幕末脱离土佐藩，为萨长盟约的缔结和实现"大政奉还"铺平道路的坂本龙马（1835—1867）的一生。最初版本于 1962 年 6 月 21 日至 1966 年 5 月 19 日间在《产经新闻》晚刊上连载。

2.《燃烧吧！剑》：新潮社，新潮文库，全二卷。刻画了出生于武州多摩郡的富农家庭，与兄长近藤勇一起参与创设新选组，作为新选组副长投入幕末激流中的土方岁三（1835—1869）的形象。最初版本于 1962 年 11 月 19 日至 1964 年 3 月 9 日在《周刊文春》上连载。

3.《宛如飞翔》：文艺春秋，文春文库，全十卷。以萨摩藩士、倒幕运动主要人物西乡隆盛（1827—1877）和大久保利通（1830—1878）为主人公，以成为维新政府领袖的两人的友情与对立为轴线，细致地描写了他们的立场和思想拉开距离的过程。最初版本于 1972 年 1 月 1 日至 1976 年 9 月 4 日在《每日新闻》早刊上连载。

4.《栖世之日》：文艺春秋，文春文库，全四卷。描写了幕末在长州藩内贯彻尊王攘夷思想，虽然半途而废但为世人留下了无形遗产，英年早逝的吉田松阴（1830—1859）和高杉晋作（1839—1867）惨烈的人生。最初版本于 1969 年 2 月 14 日至 1970 年 12 月 25 日在《周刊朝日》上连载。

5.《王城的护卫者》：讲谈社，讲谈社文库。一部讲述担任京都守护职的会津藩主松平容保（1835—1893）被卷入幕末激流之中，与江户幕府共命运的短篇小说，收录在同名短篇小说集中。

6.《峠》：新潮社，新潮文库，全三卷。描写了有远见卓识、戊辰战争时被迫与新政府军战斗的越后国长冈藩家老河井继之助（1827—1868）的悲剧人生。最初版本于 1966 年 11 月 17 日至 1968 年 5 月 18 日在《每日新闻》早刊上连载。

7.《花神》：新潮社，新潮文库，全三卷。描写了长州藩农民出身的兰学学者、医生大村益次郎（1825—1869）被藩国重用，发挥军事才能，在戊辰战争中指挥新政府军取胜，之后又打下了征兵制度基础的故事。最初版本于 1969 年 10 月 1 日至 1971 年 11 月 6 日在《朝日新闻》晚刊上连载。

8. 八九式中型坦克、九七式中型坦克：1920 年至 1930 年间制造的日本国产坦克。虽然日本陆军在九一八事变后推进了机械化部队的组建，但是日本国产的中型坦克存在装甲薄弱和其他致命缺陷，不是为反坦克作战设计的。炭球是木炭粉制成的固体燃料。

9. 池田屋事件：1864 年 6 月，新选组突袭在京都旅馆池田屋会合的尊王攘夷派志士。

10. 蛤御门之变：在 1863 年 8 月 18 日政变中被逐出京都的长州藩势力为了挽回局势，于 1864 年 7 月派兵攻打京都，与守卫御所的会津藩、萨摩藩的军队在蛤御门等地交战，最后失败，也称禁门之变。

11. 三岛由纪夫：1925—1970，小说家，本名平冈公威。成名作为《假面的告白》，通过《潮骚》《金阁寺》等作品构筑了唯美的世界，转向国家主义后，写出了《忧国》《丰饶之海》。

12. **绪方洪庵**：1810—1863，江户时代末期兰学学者、医生、教育家。在大阪创办适塾（兰学私塾），培养了大村益次郎、福泽谕吉、桥本左内等人。作为医生，致力于水痘疫苗的普及，被任命为幕府奥医师兼西洋医学所所长。

13. **福泽谕吉**：1834—1901，明治时代思想启蒙家。中津藩士之子，在大阪中津藩储藏兼出售粮食等的栈房中出生、成长。师从绪方洪庵，学习兰学，三次游历欧美。创立庆应义塾，参与创立明六社。1885年，在自己创刊的《时事新闻》的社论专栏发表《脱亚论》，著有《劝学篇》《文明论之概略》等。

14. **秋山好古**：1859—1930，明治、大正时代陆军军人（大将）。松山藩出身，赴法国留学，学习了骑兵战术，在中日甲午战争（原文为"日清战争"，为日本对该事件的通称）和日俄战争中率领骑兵。

15. **桂小五郎**：1833—1877。幕末、明治维新时期长州藩士、政治家，后改名为木户孝允。与西乡隆盛缔结萨长同盟，领导了倒幕运动。和西乡隆盛、大久保利通一起并称明治三杰。作为明治政府核心人物，参与起草《五条誓约》，推进奉还版籍、废藩置县。

第三章

明治『理想』是如何实现的？

明治维新的背景

　　发生明治维新的 19 世纪的世界充满了竞争。欧美列强以军事力量为前提，争夺殖民地利益。世界被一分为二。欧美人以民族为单位，创造了"国民国家"，实施征兵制度，建立了海军，开始争夺资源。

　　另一半世界沦为了欧美列强的殖民地。文明古国中国、印度也没有逃脱这样的命运。完成工业革命的欧美诸国凭借载着蒸汽机和远程炮的军舰，以及装备来复枪和大炮的陆军力量，将世界占为己有，也就是变为自己的殖民地。

　　为了应对这种弱肉强食的局面，江户幕府也开始兴建西式海军，向荷兰提出希望对方派遣教官团的请求。在本章主要讨论的《叫作"明治"的国家》[1] 中，司马先生选取了一段逸事。来到长崎的教官团中，有一位名叫卡廷迪克的中校。此人后统帅荷兰海军。

卡廷迪克受江户幕府邀请，于1857年来到日本，在幕府创设的长崎海军传习所里教授榎本武扬等人海军技术。当时，长崎基本处于毫无防备的状态，他感到非常惊讶，便问城镇里的商人若被敌人攻击怎么办，得到的回答却是"这是幕府该做的事，可不是我们该管的"。

胜海舟[2]是海军传习所的学生之一。胜的曾祖父是一位盲人，通过放贷积攒了很大一笔财富，买得下级御家人的家格，用金钱的力量使家族跻身江户幕府基层。胜和他的曾祖父一样头脑聪明，精通兰学和兵法。他也很有胆量，喜好新鲜事物，因此进入了卡廷迪克所在的长崎海军传习所。

据说在之后的戊辰战争时，胜海舟与西乡隆盛谈判，竭力阻止对江户城的总攻，从而使江户城避开了化为一片火海的厄运。然而，也有人说实际上是山冈铁舟事先进行了交涉，却被胜海舟抢了功劳。

成为"国民国家"，还是殖民地？

司马先生想象胜海舟和卡廷迪克彼此信赖，可能进行

了以下对话:

> 胜海舟应该会向卡廷迪克请教,问出"荷兰遇上
> 这种情况会怎么做?"之类的问题。
>
> "荷兰有宪法。荷兰人,无论是谁,都是荷兰国
> 民。大家都把自身和国家看作一体,在某些场合,大
> 家将代表荷兰这个国家来采取行动;当敌人袭来时,
> 会为了保卫自己的国家挺身而出。国民就该这样。奇
> 怪了,日本为什么不是这样的呢?"

这番话一定让胜海舟恍然大悟。对于那时的普通日本
人而言,藩国、村庄、城镇就是他们的整个世界。他们并
没有认识到日本只是世界空间的一部分,也没有自己是
"日本人"的概念,认为自己只需要把与身份相符的家业经
营好。

司马先生阐述道:"我认为胜海舟的改变是在长崎发生
的。乘坐在长崎担当练习舰的'咸临丸'号[3]赴美后,他
终于'变心'。"顺便提一句,"咸临丸"号后来之所以有
名,是因为胜海舟、福泽谕吉等人搭乘过此舰。它并不是
遣美使团乘坐的军舰("波哈坦"号),而是随行军舰。搭

乘"咸临丸"号，意味着在所有遣美使节中处于不被看好的位置。反过来说，原来处于不利地位的人在后来变得更有名，以致幕府倒台之后，当时的木村摄津守等人和正使们都被忽视了。因此，没有人记得正式使团搭乘的军舰的名字。

言归正传，就建立近代国家而言，"国民""国民国家"是必不可少的条件。胜海舟把这个理念传给了自己的弟子坂本龙马等人，应该也传达给了更多的日本人。日本是亚洲少有的仅靠国民的力量转型为国民国家的例子。

明治维新时期，日本要做出选择：成为国民国家，加入列强行列，或者成为殖民地。

"攘夷"与"尊王"

然而，大部分日本人变得情绪化。他们不直视世界形势，而是从内向、狭隘的角度思考，认为可以通过"攘夷"来驱赶异国人。

"夷"是对外国人的蔑称，是贬低与自己长相不同、文化不同的"野蛮人"的词汇。对他们说："不准进日本，如果你不走，我们就把你打出去。"

然而，这种常理上的短视、无谋的思想不仅推翻了幕府，而且成为开创新的近代国家，也就是国民国家的力量。司马先生在《叫作"明治"的国家》中，就"攘夷"的意义写道：

> 毋庸置疑，幕末倒幕运动的力量来自攘夷运动。"开国"的概念，作为意识形态是软弱的。开国是理所应当的，合乎常识的。正确的、常识性的、谁都认为理当如此的口号，并不具有革命性，好比液体中的水。水是人类为了生存下去而必不可少的东西。革命却是必须让大家酩酊大醉的，因此有水也无济于事，要有烈酒才行。

"攘夷"的思想正如一种非常危险的"烈酒"。司马先生认为，是被这种"烈酒"灌醉的日本人完成了革命性的明治维新。也就是说，仅仅打着"开国"的旗号，是无法实现革命的。

"攘夷"，是驱逐夷族的意思，原本是武士的工作。"征夷大将军"作为武家栋梁，本职就是歼灭或征服不归顺天皇的虾夷。然而，到了幕府末期，越来越多的日本人有了不能仅依靠武士的想法。

通常，"攘夷"与"尊王"思想并列。简而言之，天皇才是日本自古以来的统治者，将军、武士都只是受命于天皇，处理军事甚至政治事务。基于"尊王"思想，无论是武士还是其他平民，所有人都变成了天皇的家臣。在这种意识中，武士逐渐失去特权地位，庶民萌生了自己也能驱逐夷族的念头。他们意识到自己也是天皇的家臣，是隐于草莽的武士，因此也可加入攘夷行列。这种意识被称为"草莽之志"。由此，举国之民只要怀着"草莽之志"，自称是"天皇的家臣"，就都可以参政。

这些草莽之士以攘夷的名义开始参政，这就是明治维新的原动力。

德川幕府为何会被推翻?

针对这个时代，司马先生在《这个国家的形象》中评论道：

> 明治维新一举推翻封建社会，这场变革的唯一目的，是通过建立国民国家，将日本从被殖民的危险处

境中解救出来。

对封建社会的否定，就是对江户社会和德川社会的否定。然而，与同时代其他国家相比，江户时代的日本是一个更富裕、更安全、人权保护更到位的社会。与此前的室町时代和战国时代的日本进行对比，有助于理解这一点。

在战国以前的中世社会，女性独自前往伊势神宫几乎是不可能的。不知道大家是否听过《山椒大夫》的故事，讲的是一位母亲带着两个孩子外出，即便身份尊贵，却仍难逃被人拐卖的凄惨经历。不要说女性不能独自出行了，就连行商的男子也不得不持枪保护货物。如果不是手持武器、全副武装的话，他们就连大路都不敢走。这就是以前日本的实际状况。

江户时代甚至有一种"接力送葬"习俗：一个平民若因故死于路旁，即便当地离他的家乡很远，只要持相当于护照的通行证，不同村子的人就会以接力的方式将其遗体送回老家。

即便如此，德川幕府仍被推翻。这是因为聪明的日本民众意识到，如果靠幕府和武士真刀实枪地单打独斗，日本将沦为殖民地。事实上，当佩里的舰队驶入江户湾时，武士也曾率部抵御，但这种应敌模式已经持续了两百多年。在和平年代，战国时代的气魄已经从武士的意识中消失，日本在军事上也远远落后于西方国家。

然而，武家政权的本质就是军事政权。原则上，国家的统治本来就是以军事力量为基础的，即便只是名义上如此。武士构成了特权阶级，世袭制度也被保留了下来。日本农业总产值的将近四成[4] 被用作武士的家禄，也就是世袭的俸禄。可这些武士在西方军事力量面前却毫无用处。普通的步兵、农民只要接受一周枪法训练，就可以战胜这些军事"专家"。平民已经意识到，武士在子弹面前无能为力。

没有蓝图的新国家

这对赋予武士世袭权利和权力的制度本身提出了质疑。不仅是回报率低的问题，最重要的是武士已经无法保卫国家了，殖民地化将不可避免。接下来，如前所述，为了建立以天皇为中心的政权，展开攘夷行动，一场否定封建社会的革命开始了。

然而，司马先生一语道破：这场革命先将既有的国家、社会的框架"破坏"了，至于要建立一个怎样的国家，却并没有"蓝图"。

　　说实话，虽然西乡隆盛推翻了幕府，但是他并没有新国家的蓝图。据我所知，拥有新国家蓝图的人只有土佐的坂本龙马。

也就是说，在明治维新时期，就连被司马先生称为最大功臣的西乡隆盛都没有新国家的蓝图。用司马先生的话说，西乡隆盛就是一个出色的"破坏者"，虽然他推翻了幕府，但是他并没有为新政府制订详细的发展计划。

也就是说，萨摩藩虽然擅长发动武装力量，通过王政复辟等政变摧毁幕府，但是并没有事先设想过为了避免幕府消亡之后的无政府状态，新政府该建立多少个部门，该组建怎样的议会和军队等一系列问题。考虑到这些问题的人是提出"船中八策"的坂本龙马，这是司马先生关于明治维新的看法。

现实主义者——坂本龙马

在明治维新之前，没人考虑过该如何建立新的经济体系，如何改革货币制度。也就是说，没有计划过如何从以小判①为标准货币的状态，过渡到发行可兑换黄金的纸币的阶段。该如何让国家富强起来，以国家为单位实施"殖产兴业"政策②，这类问题也完全没有被事先考虑。

虽然新政府喊着"效仿西方"的口号，向英国、德国学习，改用了西式军队编制和武器，但是并没有考虑如何引进西方的法律体系，以及如何培养能活用西方法律的人才。

因为原本幕府和各藩都有优秀官员，所以可以沿用以前的官僚机构、官僚制度。但是，这样做是有缺陷的。在江户时代，虽然有以村为单位的集会，但是没有以国家为单位、国民代表共商外交与政治事宜的国民议会。

另一方面，最近对古代文献的研究为司马先生关于坂本龙马的描述提供了论据。要让新政府步入正轨，引进新的经济体系，就必须发行纸币。但是，新政府首先必须取

---

① 日本江户时代通用金币的一种。薄圆形。为标准金币，一枚为一两。——编者注
② 明治政府在明治维新时期提出"富国强兵""殖产兴业""文明开化"三大政策。殖产兴业的具体内容是运用国家政权力量，用国库资金加速资本原始积累，以国营军工企业为主导，扶植与保护私人资本，促进私人企业发展。——编者注

得公众的信任。于是，坂本龙马前去福井藩，拜访精通财政和纸币发行之道的三冈八郎（由利公正），希望他参与新政府的建设。

坂本龙马是现实主义者，他明白首先要有钱才能发展新政府。坂本龙马从福井藩回去后，立即写了一封信，说道："希望三冈先生能够尽早加入新政府，您晚一天来，政府的财政就会被延误一天。"这封书信的发现也印证了司马先生对新国家建立之初的观点。

明治的基础是什么？

就这样，新国家在摸着石头过河的状态中开始运转。司马先生认为，对于这样的新国家而言，最有用的财产就是江户时代的多样性。在没有蓝图、没有计划的情况下，为什么这个叫作"明治"的国家也能勉强取得成功呢？这是因为江户时代留下了不少宝贵的遗产，其中之一就是其多样性。

提到江户时代的多样性，人们立刻就会想到俗称三百诸侯的藩国。实际上，各藩并非毫无秩序、各自为政，而是分布在约二十位"国持大名"的领地内。

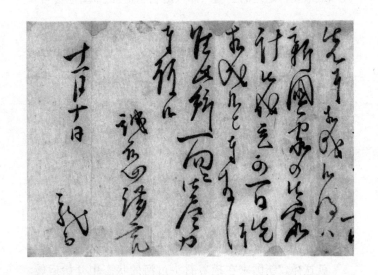

庆应三年（1867 年）11 月 10 日，坂本龙马于暗杀发生前五天亲笔写给前福井藩主松平春岳的亲信——中根雪江的书信。他写得一手好字，在信中表达了希望福井藩士三冈八郎能够尽早出任新政府财政负责人的恳切愿望。（高知县供图）

所谓国持大名，就是占有一国及以上领地的大名，也被称为国主。加贺的前田家、长州的毛利家等，都是领地规模在一国以上的大名。后来，米泽的上杉家、秋田的佐竹家等领地不足一国的大名也跻身国主之列。

国持大名的领地加起来大约为二百八十个藩。事实上，除了谱代大名①之外，支系和同族的领地最多的，可以说是外样大名②及其亲戚。因此，虽然人们经常说："既然江户时代的日本已经被划分成二百八十个藩了，那么在进行地方分权的时候，也分成二百八十份不就好了吗?"但这种想法是错误的。更接近当时实际情况的，是将日本划分成几十个内部统一的行政体，每个行政区域大概相当于今天三个县的大小。

江户时代的最大遗产是人才

另一方面，由于日本列岛呈南北走向，受气候和地形条件的影响，各藩国之间确实有明显差异。当然，人才类型也各不相同。让我们来看一下司马先生的点评。

———————

① 关原之战前一直追随德川家康的大名。
② 关原之战后归附幕府的大名。

萨摩藩的藩风（或者说藩国文化）是出现了许多能够把握事物本质、有大局观的政治家和总司令类型的人物。长州藩擅长操控权力，因此能建造并运行官僚机构。土佐藩远离官场，在民间开展自由民权运动。与此同时，佐贺藩则为新政府提供实干型人才。这种多样性可以说是明治初期的日本从江户时代继承的最大财富。

进一步探究，你会发现还有会津藩热衷于教育；加贺藩乍一看并不富裕，却非常重视文化和技术，由此在化学、理工科、数学等领域成果显著。总而言之，在江户时代，各个藩国都根据自己的特点培养了大批人才。这就是为什么在明治维新之后，中央可以聚集各藩精英。用司马先生的话说：

这种多样性——有些抽象的说法——可以说是明治统一时期内在丰富性和活力的源泉。

最值得一提的例子是贡士制度，即各藩选送年轻优秀的人才到天皇身边做贡士的制度。另外，新政府建立了一系列官立学校，替代江户时代的昌平黉、蕃书调所①、种痘所等，并以帝国大学⁵的形式发展教育系统。陆军士官学校、海军兵学校等也陆续建立。优秀且多样的人才集聚到东京，引发了一连串化学反应。

在司马先生的代表作《坂上之云》中，地处爱媛县的松山藩后来就将开创俳句新时代的正冈子规⁶送到了东京。正冈子规在东京遇到夏目漱石，由此产生的化学反应促成了日本文学的大变革。

另外，像秋山真之这样富有文采和哲学修养的军事人才也被输送到东京。如果没有发生明治维新，秋山真之应该还在松山藩当低级武士，吟着俳句过日子。但事实上，他在东京加入了海军，遇见了萨摩藩的领袖们，不久后成长为对日俄战争起到决定性作用的军人。司马先生在《坂上之云》中详细地描写了秋山真之的风采。

事实上，人才的多样性是江户时代的最大遗产。

作为模版的帝国大学与东京

另外，在江户时代的遗产中，平民的高文化程度也是

① 德川幕府的外交文书翻译局及洋学教育研究机关。

非常宝贵的财富。在国民充分理解并遵守国家的法律、规章制度方面，日本可以说是世界冠军。提到日本人的文化程度之高，经常会说起如下例子。

在江户时代，有一艘船遭遇海难，船上的人都掉进海里。白人的船只前来搭救，一半落水者因改乘外国船只而获救，另一半落水者却因坚决不上外国人的船而沉入大海。白人大惑不解，问道："为什么那些人宁愿那样死掉？"搭船的人回答："因为根据日本的国法，出国或者与外国人勾连都是死罪。他们认为，同样是死，倒不如因为遵守国家法律而死，所以选择了沉入大海。"

白人听后惊愕不已。日本普通百姓遵纪守法，在这方面极其顺从。但事实上，这并不是简单的奴性的表现。日本平民的识字率并不低于欧洲的平均水平，甚至更高。

当各藩精英人才聚集到中央，共同建设近代国家时，上述特点起到了非常重要的作用。司马先生将东京帝国大学比作"配电盘"。

汽车等机动车内，都有一个名叫配电盘的装置。不用说，配电盘就是向气缸组的各个点火栓分配电力的装置。通过分配电力，按照一定的顺序发动机器。

其实,在明治初年,处于西欧文明接受期的日本只有一台发动机。而东京帝国大学(以下简称"东京大学")就是参照配电盘的功用建立的。

也就是说,虽然西乡隆盛破坏了江户时代的国家机构,但是如前所述,他在如何重建国家机构这一点上,并没有长远的计划。因此大久保利通、桂小五郎、伊藤博文等人想到了效仿外国。首先,为了明确新国家的模样,他们组建了以岩仓具视为代表的使节团,出访欧美国家。使节团回国之后并没有立刻将计划付诸实践,但在明治十四年(1881年)政变之后,他们打算以德意志帝国为模板,建立一个与欧洲社会类似的国家。

因此,东京帝国大学被建立在上野山上,向人们展示西方的做法,培养精英,然后以中央集权的方式把精英分配到各地为官。或者像涩泽荣一那样,为兴建西式银行,先创办第一国立银行;要建造欧式酒店,就从建一家帝国酒店开始。以此类推,首先在东京建造和欧洲一样的东西,展示给地方的人看。

就这样,在学术方面,东京帝国大学——就城市而言为东京——就成了向整个日本输送"西方文明"的配电盘。

伊藤博文等人尤其偏爱去德国留过学的东京大学法学部的人。这些人一回到日本，就被聘任为大学教授，享受优厚待遇。东京大学法学部被打造成培养官员的机构，其学子作为政府选任的知事，开始承担地方行政事务。

在明治时代实现的江户"理想"

如果国民不行动，无论精英阶层怎么配送电流都是无济于事的。然而，日本民众拥有立刻就能行动起来的文明程度和知识水平。他们非常优秀，只要见识过东京的帝国酒店，就能轻易地在乡下建成一家类似的酒店。

我认为这主要归功于江户时代的人都热衷于学习。日本民众不仅有很高的知识水平，而且绝对服从权威。忠孝观念已经根深蒂固。

江户时代的人非常乐意为社会利益着想，这份公共精神也可以说是宝贵的"遗产"。在战国时代，如果没有"只要自己能够得救就好"的意识，就无法生存下去。到了江户时代，终生雇佣制要求人们为公共事业做贡献，承担应尽的职责。能够做到这些的人会受到尊敬，才能在社会中立足。

为君主和家族效劳的武士,守护村里百姓的庄屋①,都有公共精神。普通民众也是如此,因为日本是个岛国、一个封闭的社会,一旦有人做出自私之事,立刻就会遭到排挤。

事实上,在江户时代的村子里,庄屋的作用是至关重要的。虽然人们常说西日本多庄屋,东日本多名主,但实际情况并非一定如此。各地都有庄屋、名主、肝煎的惯称。不管怎么说,正是因为优秀的庄屋尽职尽责,江户时代的行政体系才得以建立起来。

收取年贡、维持村里治安是庄屋的职能,最重要的是保证村民根据承包农田面积按时按量缴纳年贡。另外,督促村民遵纪守法,进行人口调查和户籍管理,劝课农桑,运用村费完善道路等基础设施建设,也都倚赖庄屋的能力。

在江户时代初期,庄屋在村里作威作福,侵吞公共费用,曾引发各种争端。随着庄屋越来越好地履行职责,村里的行政机制得以运转起来。在兵农分离制度下,农民与武士在空间上被隔离开。尽管如此,村庄还是被治理得井井有条,这都归功于庄屋制度以及庄屋的治理能力。

---

① 江户时代的一村之长,另有"名主""肝煎"之称。——编者注

即便到了今天，在日本社会中居高位者，比如企业或组织里的领导人，也有不少是庄屋出身。我把这样的社会称为"庄屋天堂"，我认为日本人创造了一个庄屋十分受欢迎的社会。

在江户时代的道德观念中，诚实和正直也很重要。正直在平民道德观中尤为重要，大部分日本传说都将正直作为美德进行宣传。不仅在江户时代，在以千年为单位的时间内，正直也一直为日本人所重视。也许是受此影响，现在回过头去看，明治时代人们的生活和行为显得过于朴实，甚至有些幼稚。

司马先生将明治时代解读为"理想的"时代。我认为，他的意思是江户时代这个漫长时期结出的果实，正是明治时代本身。江户时代各种各样的遗留问题在名叫"明治"的时代得出了"理想的"结果，我认为这就是司马先生的明治史观。

江户时代的负面遗产

另一方面，江户时代的负面遗产也值得一提，那就是对东亚的蔑视。江户时代基本实行海禁，日本人是无法私自出国的。

在那个年代,禁止国民前往他国的不只是日本,朝鲜和中国也为了杜绝海盗行为而严格限制国民私自出海。这就是海禁政策。

因此,虽然最近有研究学者提出,"海禁"比"锁国"更能反映过去的实际情况,但就原则上禁止国民出国这一点而言,当时的日本无疑是处于闭关锁国的状态。

既然无法去国外,那么眼界就只能局限于岛国之中。在中世,室町时代之前,中国是更强大、物质更丰富的先进国家,直到丰臣秀吉出兵朝鲜之后,给日本国民灌输了"他们其实没有那么强大"的意识。实际上,到了江户时代,日本人的国民平均收入相较中国和朝鲜已经有了明显的上升。

于是,日本在思想层面也开始抱有优越感。当时的日本人萌生了这样的念头:"中国、朝鲜虽然自称儒教国家,但是各自的王朝一直在更替。最讲究儒教道义的应该是日本。"另外,当时统治中国的是北方游牧民族建立的王朝,而不是最初创建儒教的汉族,由此日本出现了一种轻视清朝的倾向。这种倾向通过江户时代的海禁逐渐扎根,当时的日本人对外开始自以为是、态度傲慢起来,这是不可否认的事实。

到了明治时代，随着日本在中日甲午战争中取胜，日本人对中国、朝鲜的蔑视变得更加明显。于是就有了"脱亚入欧"一词，意思是日本应该脱离亚洲、加入欧洲，出自福泽谕吉在对朝鲜实现近代化的难度感到绝望时所写的《脱亚论》一文。

"脱亚论"本是福泽谕吉在思考与亚洲其他国家携手共进之后，苦口婆心吐露的言论，却被后人误解为另一种论调："西方伟大，东亚落后，被支配是理所应当的。"不过，近代日本的确有过脱亚的优越感。日本创造了在东亚容易被孤立的社会和思想。对此，司马先生常在其作品中流露出担忧和危惧。

何谓格调高雅的现实主义？

司马先生用了"现实主义"这个词语来形容明治时代。

明治时代是现实主义的时代。那是一种以通透的、格调高雅的精神为支撑的现实主义。首先要说的是，没有高贵感的现实主义——我们日常生活的基础——

是小商贩的现实主义。这样的要素对国家来说也是必要的。如果把国家看成一栋建筑,其基础是看不见的东西。你也可以称之为"压缩空气",在这种东西之上形成的就是明治时代的现实主义。(《叫作"明治"的国家》上卷,第一章)

司马先生在文中提及"小商贩的现实主义",绝对没有嘲笑小商贩的意思。他所指的是将赚钱放在第一位的商用的、功利的现实主义,也就是普通市民的现实主义。如司马先生所说,这种现实主义是"必要的"。另一方面,所谓"通透的、格调高雅的"现实主义,是指社会的、公共的、着眼大局的现实主义。也就是不贪图眼前利益,舍己为公的现实主义。这也许可以被称为"为社会、为他人的现实主义"。

"压缩空气"是司马先生偏爱使用的说法。在江户时代,一个在一定程度上受到约束和限制的压抑的社会中,随着思想和氛围的成熟,形成了惊人的成果。思想被压缩、被净化。这就是司马先生所说的"压缩空气"。

在江户时代,人的一己私欲一直被压抑着。无论武艺有多高超,只要不是出生在大名家庭,就无法成为大名。

纵然胸怀大志，想通过努力奋斗出人头地，赢得与大名相当的地位，也会被"僭上"一词粉碎。别人一说"僭上"，你就只能作罢。这就是那个时代让人不求上进的强制力。

就现在所谈的话题，如果让我选择一个便于大家理解江户时代的关键词，我会选"合乎身份"。这是江户人被要求履行的义务。在执行这种义务的过程中，即便是在现代有希望获得诺贝尔生理学或医学奖的人才，也只能做其出身和成长环境自动赋予的、强制性的工作，与本人的意志以及能力没有任何关系。但这并不全是坏事，他们因此可以在经营家业一道上做到近乎完美。

到了明治时代，这种压缩空气的状态才得到完全放开。只要是以富国强兵为目标而希望出人头地，哪怕是在小学阶段说"我想好好学习，长大要做陆军大将，为天皇的国家效力"，也会被称赞。同样的话在江户时代说出口，就会被要求闭嘴。说出"我要努力学习，为成为征夷大将军而奋斗"之类的话，会被认为有"僭上"之嫌，有谋反之心。

文学和宗教的替代性产物

"合乎身份"是一种朱子学的思考方式。人无法摆脱上天赋予的身份和伦理。依照伦理生活是宇宙法则,是高尚的。这种思想虽然日渐淡薄,但是一直存在。

明治的现实主义之所以在这种背景下诞生,是因为日本是由武士建立的军事国家,属于"文明的边疆"。借用梅棹忠夫[7]的观点,日本也算是"文明的边缘"吧。梅棹忠夫毕业于京都大学理学部,他认为可以像讨论地球上的植被一样,从生态学的角度来思考文明史:虽然亚欧大陆的内陆地区是干燥的沙漠,但是其周边自然形成了容易获取小麦等谷物的区域,都市和文明均在那里产生,并出现了文字和宗教。

另一方面,离文明出现之地更远的文明的边缘、边疆是森林。欧洲和日本就位于这一区域内,没有孕育出自己的文字与宗教,而是从大陆的文明中借用并加以发展,被日本借用的有汉字、儒教、佛教、道教。

也就是说,日本并没有产生佛教和基督教这种融入国民普通生活的宗教。但这正是明治时代的现实主义得以形成的原因。

我们以铁路为例来分析。对于近代国家而言,铁路是必不可少的设施。然而,在中国,通过科举考试选拔的官吏往往对铺设铁路一事漠不关心。去英国的铁道学校学技术并不是士大夫们会做的事。对他们而言，精通汉诗、熟读四书五经才能体现自身价值，拧螺丝这种会弄得满身油污的粗活不该由士大夫来做。

反观日本，"长州五杰"〔1863 年长州藩秘密派往英国留学的五位藩士：井上闻多（井上馨），远藤谨助，山尾庸三，伊藤俊辅（博文），野村弥吉（井上胜）〕中的井上胜虽是武士出身，却进入铁路学校拧螺丝，烧锅炉，学习活塞的构造。而且他们并不是抱着自己开铁路公司赚钱的目的去学的。

日本要实现近代化并成为强国，运输设施必不可少。为此，武士选择成为铁路工程师，这就是格调很高的现实主义。明治时代现实主义的基础，是对政府和国家的宗教性信赖，表现形式是为了家乡、为了国家振兴产业。

明治人与现代日本人

贯彻明治时代现实主义的并不只是精英阶层。

有一位名叫真葛香山的陶艺家，他在横滨制陶时非常坚定地声称自己的从业目的是赚取外汇。自然，他是为了赚钱而烧制陶器，但也是为了让日本富强起来。

"长州五杰"的照片，摄于伦敦（萩博物馆藏）。后排左起顺时针方向，依次是远藤谨助、野村弥吉（井上胜）、伊藤俊辅（博文）、山尾庸三、井上闻多。

（井上馨）

人称"机关仪右卫门"的发明家田中久重是东芝公司的创始人。最初，他以制造并出售机关人偶为乐趣，后来应佐贺藩、久留米藩委托，"用自己的头脑和技术为国家谋利益"，哪怕分文不赚，仍不遗余力地进行合作。他曾说过："我所做的不是为了赚钱，而是为了国家的发展，我已经不做机关人偶了。"

这种格调很高的现实主义在普通民众和技术者中间渗透，无疑是明治时代的日本得以发展的一大理由。

事实上，现代的日本人与明治时代的日本人相比，所缺的就是这部分精神。明治时代的现实主义是非常讲求独立性的。你也可以称之为精神的独立性。举个例子，中国现在的经济增长率维持在7％左右①，韩国的经济发展速度也远超日本。那么今天的日本人会怎么思考这个问题呢？大家一定会有"希望政府有所作为，让经济景气起来"的念头。

然而，在明治时代，人们的想法可能是"如果中国的经济增长率是7％，那我们至少要让自身参与的制造和生产业实现7％的增长"。我认为，这种精神正是明治时代的

---

① 本书日文版原著出版于2017年。——编者注

力量。

精英阶层对自身的要求更加严格。比如秋山真之曾去美国学习海军军事技术,他曾公开表示"自己休息一天,日本海军的发展就会延迟一天"。很多明治时代的人都把国家层面的问题当作自己的问题看待。

福泽谕吉的语录中有这样一句话:"一国之独立,基于一身之独立。"这里的"一身之独立"即指每个人认真完成自己的工作和任务,尽到自己应尽的责任。只要国民都做到这一点,就能实现"一国之独立",也就是说国家就会有条不紊地运作。

然而,在当今日本的格差社会、竞争社会中,人们仅为维持生计就已经竭尽全力,这样看来很难会有明治时代人的感受。用司马先生的话说,现在的日本"电压太低"。如果司马先生还在世,应该会感叹现代日本人与幕末、明治时代日本人在这一点上的不同吧。

有"弱者意识"的明治日本

稍微转移一下话题,长篇小说《坂上之云》[8]就是一部从明治时代的现实主义出发的杰作。该作以秋山好古、秋山真之兄弟以及正冈子规为主人公，反映了到日俄战争时期为止的日本的情况。小说的开头让我印象深刻。

> 区区小国正迎接其开化之期。日本列岛中有一岛名叫四国，分赞岐、阿波、土佐、伊予。伊予之首邑为松山。

虽然昭和时代的日本勉强算个大国，但是明治日本是一个不能与列强相提并论的小国。我把明治时代所表现出来的谦虚称为"弱者意识"，这种态度还留传到了后世。小说开头的描述所呈现的画面，如同从人造卫星上拍摄的一段影像，可见司马先生的手法之高超。他像一位天神，客观地眺望明治时代的日本，然后描写这个时代令人感到愉快的景象：小小的花蕾以文明开化的形态，在经过充分的准备之后，即将绽放。

在阅读《坂上之云》时，我想以秋山真之和乃木希典[9]这两个人物为焦点。这与我之前所说的以高格调的精神为支撑的现实主义相关。秋山真之代表开朗的现实主义，乃木希典则代表阴郁的、灭私奉公的现实主义。虽然两者都是以高格调的精神为支撑的现实主义，但是方向完全相反。

秋山真之的现实主义是合理的,乃木希典的现实主义则是完全不合理的。

我认为在司马先生看来,明治时代就是秋山真之和乃木希典的综合。正因为存在这两类日本人,名叫明治的国家才得以形成。司马先生很巧妙地对他们分别进行了刻画。

秋山真之与乃木希典

秋山真之去海外学习了西方的战术和科学技术,他的现实主义带有鲜明的独创性。比如说,无论什么军事术语,他都用两个汉字来表述。秋山将战斗力分为两种,将机械力量称为"机力",将人力和技术力量称为"术力"。如果不同时具备两者,战斗力就得不到发挥。无论军舰有多先进,只要操纵军舰的人技术水平低,就不能发挥其功用。昭和时代的陆军队伍里盛行"以术力补机力"的极不合理的精神主义。但至少在秋山的时代,大家都有弱者意识,能够理性地思考战斗力问题,这是合理的现实主义。

相比之下,乃木希典所展现的,是作为军人就要穿着军装睡觉的不合理性。虽然从根本上说,乃木和秋山一样,也有高格调的公共精神,但是他的不合理现实主义无法赢得战争。

在以 203 高地为首要争夺阵地的旅顺战役中，乃木希典葬送了大批己方军士的性命。从结果上来看，因为在日俄战争中最终获胜的是日本，所以乃木希典成了传说中的"军神"。尽管如此，"乃木凡将论""乃木愚将论"却不胫而走。对此起到决定性作用的就是长篇小说《坂上之云》。司马先生强烈认为，不只是乃木希典，他手下指挥作战的将领统统是无能之辈。（当然，熟读司马文学的人应该知道："无能"一词所指的仅是他们在日俄战争中的作用。）

　　日本兵坚信，自己的死能够为胜利铺路，于是勇往直前，像狗一样被射杀。唯一值得庆幸的是，他们不知道自己以生死相托的乃木军司令部是世界战争史上极为罕见的无能司令部。

这一段落饱含司马先生对亲身接触到的昭和陆军黑暗面的愤慨和尖锐批判。通过乃木希典——因"高格调的憨直精神"而深受日本民众喜爱——司马先生将明治时代现实主义的暗面展现得淋漓尽致。

有记录表明，在取得对马海战胜利之后，秋山真之在故乡松山进行了演讲。他说道："不是要挑剔作战工具，而是说在战术上，兵器优劣对战斗力的影响是不可避免的。"无论被分到什么样的武器都要战斗，这是军人的本分。这是高格调精神的一部分，也与乃木希典的想法相通。但是秋山真之在这基础上补充了一个合理的现实，即兵器的优劣会左右战争的结果。

"无论拿到什么样的兵器，都会拼死一搏"的人如果有现实主义思维，那么赢得战争的概率就会提高。但"哪怕是死也要战斗"的人一旦失去现实主义思维，其行为就变成了"自杀"。下一章将谈到，这种"自杀"在昭和时代变成了平常现象。

我认为司马先生要表达的是，我们必须同时拥有以高格调精神为支撑的现实主义和合理主义思维。如果我们能做到这一点，国家就不会陷入如此愚蠢的战争。这也许是《坂上之云》的结论之一。

《坂上之云》中的寄语

大多数对《坂上之云》给出高评价的人都认为"明治是个很好的时代"。但是，明治时代的人所向往的是"坡道上方的云",那是他们无论如何攀登都抓不住的。司马先生在理解了这点的基础上创作了《坂上之云》。爬到坡顶就要走下坡路了。还没有抓住坡道上的云,就向下陷入了恐怖的昭和泥潭。我认为这就是司马先生通过此书书名要说的话。

《坂上之云》创作于1960年代末至1970年代初,正是日本经济高度成长期即将结束的时期。站在一个时代的顶峰,视野变得开阔。每个日本人都产生了要亲自创造历史的意识。也许正因如此,人们才对以"坂上"为目标的明治人产生了兴趣,使得《坂上之云》成为受国民热捧的人气作品。

经济高度成长使日本人的生活富足起来。在这个时期,被称为"三大神器"的彩电、空调、汽车作为富裕生活的象征,在日本家庭中得到普及。以"三大神器"为代表,生活环境发生了改变,人们对物质的欲望得到了满足,然而全民以"坂上"为目标进行奋斗的伟大理想却在逐渐消失。就在这个时候,司马先生回望明治时代,形象地描绘了日本人的共同理想,同时试图向读者展示近代日本究竟"哪里出了错"。

我认为司马先生通过《坂上之云》传达了一个深刻的

信息,即行事应该而且必须遵从现实主义和合理主义。当公共意识很强的日本人出于私利以外的目的,运用合理主义和现实主义时,日本就可以取得惊人的成就;反过来,当一个只有公共精神的人无视现实的时候,他最终抵达的只可能是恐怖主义或者自杀。

注释

1. 《叫作"明治"的国家》:NHK 出版,全二卷。明治时代的人拥有纯粹的一心为公的觉悟与道德上的紧张感。全书总共 11 章,司马先生详细论述了与其他时代划清界限的"明治国家"的精神,深度剖析了日本人的同一性。改编自 NHK 电视台 1989 年 10 月至 11 月分六期播出的特别节目《太郎的国之物语》。

2. 胜海舟:1823—1899。幕府末期、明治时代初期幕臣、政治家。精通兰学、兵法,任御用兰书翻译,后进入长崎海军传习所。戊辰战争期间与西乡隆盛会谈,为实现江户和平开城做出贡献。明治维新之后,历任海军大辅、枢密顾问官。

3. "咸临丸":江户幕府在荷兰订购并建造的蒸汽船,原名"日本号"。1857 年,到长崎海军传习所担任教官的卡廷迪克作为舰长,驾驶军舰抵达日本。此后该舰改名为"咸临丸",成为传习所的练习舰。1860 年,"咸临丸"作为遣美使节团所乘坐军舰的随行舰横跨太平洋,并因此扬名,在此期间胜海舟、福泽谕吉等人搭乘过此舰。

4. "农业总产值的……四成":江户时代农民的主要负担为年贡,每年要将相当于年收入四成的稻米或钱上交给领主(四公六民)。

5. 帝国大学:由幕府朱子学教育设施昌平坂学问所、洋学教育及翻译所蕃书调所、兰方医学研究机构种痘所改组,于 1877 年作为日本最早的官立大学——东京大学成立。1886 年改名为帝国大学，1897 年京都帝国大学设立，随之改名为东京帝国大学，1949 年改组为新制东京大学。

6. 正冈子规：1867—1902。明治时代俳句诗人、和歌诗人。出身于松山藩。创办杂志《杜鹃》，根据"写生"论，倡导革新俳句和短歌，确立了近代俳句、短歌的基础。正冈子规与夏目漱石从预备学校时代开始就交往颇深。著有歌论《致歌人书》、随笔集《病床六尺》等。

7. 梅棹忠夫：1920—2010。昭和、平成时代民族学家、文化人类学家。日本国立民族学博物馆首任馆长。于 1957 年发表论文《文明生态史观序说》，提出文明发展过程的差异与地球生态系统的划分是相对应的，受到广泛关注。著有《文明生态史观序说》《知识生产的技术》等。

8.《坂上之云》：文艺春秋出版，全八卷。以明治时代出身于四国岛松山藩的陆军军人秋山好古、海军军人秋山真之，以及他们的好友俳句诗人正冈子规为主要人物，讲述了日本从明治维新至日俄战争时期的近代化过程。最初版本于 1968 年 4 月 22 日至 1972 年 8 月 4 日在《产经新闻》晚报上连载。

9. 乃木希典：1849—1912。明治时代陆军军人（大将）。出身于长州藩。作为第三军司令官，在日俄战争中指挥旅顺围攻战。历任军事参议官、学习院院长。1912 年 9 月 13 日，在明治天皇出殡之日殉死。

第四章

逼近『鬼胎时代』的谜团

日本史上特异的时代

将明治时代描绘成"理想"的司马先生,有必须对他所亲历的昭和前期进行书写的想法,却终究没能以小说形式将其呈现。

我过去经常提到司马先生晚年的随笔集《这个国家的形象》,其中有司马先生评价昭和时代的代表性文章。

> 至昭和二十年战败为止的十多年,在漫长的日本历史中也是非常不连续的。

另外,1986 年至 1987 年,NHK 播放了电视节目《司马辽太郎:闲谈通往昭和之路》,在由节目内容整理而成的

《叫作"昭和"的国家》[1] 一书中,司马先生用"即使在日本的历史上也显得异常的时代""让人觉得是别的国家""被施了魔法的时代""魔法森林时代"等表达来形容这个时代。

在《这个国家的形象》中题为"杂货屋的帝国主义"的一章内,司马先生把从日俄战争胜利至太平洋战争战败的四十年称为将日本历史的连续性切断的"异胎时代"。同一章节还有这样的表述:"仿佛是明治宪法下的法律体制不知不觉孕育的鬼胎。"

这里,所谓"异胎"或"鬼胎",指的是与父母毫无相似之处的孩子。在突出这个时代在日本历史上的特异性和非连续性时,司马先生使用了这个表达("异胎"和"鬼胎"意思基本相同,后文统一用"鬼胎")。虽然也是日本的历史,但是与其他时代大相径庭。明治与昭和因此被切断。司马先生提出的问题是如何理解这种异常。

明治与昭和脱节了?

司马先生真的认为明治与昭和是两个完全脱节的时代吗?在这一点上,我表示怀疑。社会的病态与人体疾病非常相似，有一定的潜伏期。导致日本在昭和时代陷入可怕战争的病菌和病根，早在明治时代就已产生，只不过当时日本正处于没有发病的"幸福的潜伏期"。

例如，在日俄战争中，乃木希典指挥军队猛攻俄军配备了大量机关枪的 203 高地，导致日本士兵的尸体堆积如山。即便在战术上犯了明显的错误，仍然坚决执行军令。这次战役后来被日本国民当成了悲壮的美谈。

可以说，这就是被司马先生称为"鬼胎"的昭和前期的病根。在上一章，我提到秋山真之代表了开朗的现实主义与合理主义。然而，就连秋山真之也没有完全摆脱天助日军、天佑天皇军队的超自然想法。

说起来，从明治时代到昭和时代，日本的宣战诏书（《对俄宣战诏书》《对英美两国宣战诏书》）都是以"仰承天佑，承践万世一系皇祚之大日本帝国天皇"开头的。凭"日本国天皇仰承天佑"一句话，宣称"天皇生来得到天助，能在战争中取胜"，随即发动战争。

即便在极端不利的情况下，日本也有老天以神风相助，失败是不可能的事——像这样教唆国民对超自然现象深信不疑，意味着国家变成了某种宗教团体，带有宗教国家的色彩。换句话说，明治时代的日本虽然确实以遵循合理的法则、成为近代国家为目标，但是要说那时的日本讲求完全不依附于超自然力量的现实主义和合理主义，倒也并非如此。

国家主义与爱国主义

那么，"鬼胎时代"为什么会出现呢？司马先生认为其背后是失控的国家主义。

英语中的"nationalism"一词一般被翻译为"国家主义"。司马先生认为国家主义激发了国家自负感、乡村自负感、家庭自负感和个人自负感，不是一种高等情感。另一个容易与国家主义相混淆的概念是英语中的"patriotism"（爱国主义）。司马先生认为，爱国之心与爱国者的境界是高于国家主义的。

我以家庭自负感为例进行分析，大家很快就能明白国家主义与爱国主义的区别。在某个地方，有人因出生在富裕家庭而感到自豪，经常炫耀自己的家境，看不起其他家庭。所拥有的一切都是不劳而获，仅因为在这样的家庭出生就小看其他人，陷入自己有钱，因此自然比穷人高一等的心态。"我很可爱"的想法，是"我的家世很可爱"的变形。"我的家世很可爱"上升到国家层面，变成"我的国家很可爱",这就是所谓的国家主义。

与此相反,也有人认为:"不,我只是碰巧出生在名门,应该加倍努力,让自己的家庭更加受人尊敬。"这就是爱家之心,上升到国家层面,就和司马先生所说的爱国之心意义相近。

不仅是自我感觉,也要让周围的人对自己的家庭有好感——如果统治阶层的人没有这种高格调的、真正的爱国心,国家就会犯错误。司马先生生动地展现了这种情形。当国家层面的问题令人难以理解时,尝试从家庭角度思考,理解起来就变得容易了。

失控的国家自负感

于是,在真实的历史中,国家自负感开始在日本横行。日俄战争的胜利彻底改变了日本人。司马先生在《这个国家的形象》中写道:

我只能认为,是日俄战争的胜利让日本和日本人失去了理智。不管怎么说,这种失常早在日俄战争结束,日俄两国代表在朴茨茅斯进行和谈时就已经冒头。

和谈中，俄国非常强势。俄方知道日本已经没有能力继续发动战争，……从物资数量上来看，拉长战线，延长战争时间，让日军自取灭亡也并非不可能。虽然被抓住了弱点，但是当时的日方代表小村寿太郎[2] 不动声色，仍为日本谈成了最大限度的有利条件。

然而，不知道日本是被迫讲和的民众对此表示愤怒。

失常就是从这时候开始的。人群叫喊着和平的代价太低了，大声疾呼废弃和平条约，让战争继续！除了《国民新闻》之外，其他各大报纸都在煽风点火。最后，据说共有三万人参加了日比谷公园的国民大会。

这就是所谓的"日比谷烧打事件"，被司马先生称为"魔鬼季节的起点"。当时的日本人一无所知，坚信对其他国家就要使用强硬手段，威风凛凛地喊话。

事实上，由于战线的拉长，日军面临补给不足的严重问题，哪怕是妥协也必须尽快讲和。然而，日本国内的报纸没有如实报道当时的情况。政府考虑到如果日军的困境被俄方知道，和谈将无法顺利进行，因此并没有向国民说明实情。日本民众被战争的胜利冲昏了头脑，没有作出正确的判断，一味谴责政府软弱无能。他们包围了外交官员的官邸，日比谷暴动由此开始。

据说日俄谈判结束后，回国的小村寿太郎在横滨港见到自己的儿子，不禁问道："你还活着?"他本以为儿子已经在暴动中被杀害了。

另一方面，这一时期精英阶层的态度也有令人钦佩之处。古岛一雄³后来成为首相吉田茂的顾问，但日比谷烧打事件爆发时，他还是一名报社记者。据说他曾问小村寿太郎："（日比谷）烧打事件让你很为难吧?"小村寿太郎回答："没有，正因为国民有这种气势，我才能胜任外交工作。"

国民的这种气势就是司马先生所说的国家主义。也就是说，日本国内舆论认为，是日本民众的傲气让俄国有所顾忌，最终同意了和谈条件，使外交代表顺利完成了任务。这只是部分事实。与国民的国家主义相反，小村寿太郎等精英是抱着亲生儿子可能被国人所杀的觉悟，完成了外交谈判。

日本人的"前例主义"

日本在日俄战争中取得胜利，日本人自此失去了谦逊。中日甲午战争胜利使日本对中国产生了强烈的优越感，战胜一个白种人国家之后，日本开始宣称自己"加入了世界一流国家的行列"。与此同时，人们也认识到日本是一个武器不能自给自足的小国，于是产生了要用士气、教育和训练来弥补这一缺陷的意识。

日本人有容易被前例束缚的路径依赖性。与前文提到的合理主义相对立的，就是"前例主义"（路径依赖性）。日俄战争的胜利也被当成了"前例"。其结果就是，"日军有上天保佑，高昂的士气弥补了武器和兵力的不足，因此打了胜仗"的论调大行其道。

我想这是司马先生特别关注的一个问题。

日俄战争后，日本其实应该暂时缩小海军规模。日本与在全世界拥有广阔殖民地的英国不一样，完全没有必要消耗巨资来维持大型舰队。

同样，在处理与朝鲜半岛的关系时，已经在日俄战争中取胜的日本原可以采取更温和、和平的做法。然而，战争胜利五年后，日本强行将朝鲜完全殖民化（吞并朝鲜）。进入昭和时代后，由军部主导，日本建立"满洲国"，大举侵犯中国和东南亚地区。

如小村寿太郎所说，国家主义有时会成为巨大的能量。在殖民地实现独立的过程中，国家主义能发挥巨大的影响力。但是，近代日本的国家主义却带有贬低邻国和其他国家的优越感，是"扭曲的群众能量"。日比谷烧打事件以后，这种能量开始在日本积累。

"鬼胎时代"的萌芽

更成问题的是，日俄战争获胜后，许多军人成为"华族"，被授予公、侯、伯、子、男五等爵位。下级武士出身的维新功臣，地位超越了大名和上级公家①。

明治维新的理念之一是实现天皇统治下的国民平等。然而，明治维新的功臣却率先成为贵族。在这些人中，只有板垣退助⁴提出："这太荒唐了，华族就到这一代为止吧，不要世袭。"板垣退助是土佐藩士出身，戊辰战争时任

———————

① "公家"指侍奉天皇与朝廷的贵族及上级官员。

总督府参谋，在围攻会津藩若松城的战役中大展身手。即便与本人意愿相违背，他仍被封为伯爵。

另一方面，在明治维新中立下功劳的萨摩、长州等藩开始瓜分政府实权，板垣退助对此状态进行批判，提出了设立民选议院的建白书，成为自由民权运动的主导者。板垣退助一贯主张：正如父母犯下的罪行不应该株连子女，父母的功绩由子孙继承也是不合适的。

然而，尽管板垣退助提出了"华族一代论"，要求取消爵位世袭制度，日俄战争后仍有多达上百人被政府授予爵位。

打了胜仗的人成为华族，有的甚至可以世袭帝国议会贵族院的议席。新加入军队的年轻人，尤其是奥羽越列藩同盟——在明治维新中被视作贼军——出身的人，不甘落后于萨长藩出身的人，想让日俄战争的胜利重演，理所当然地做起了华族梦。

这些人在青少年时期目睹了陆军和海军的荣耀，于是以在军中出人头地为目标。他们不可能冷静地分析世界局势和日本的国力，也不可能考虑裁减军队人员。海军官兵为了不失业，维持海军的规模，接下来要做的就是寻找新的假想敌。在击败了俄国舰队之后，下一个目标就是美国。

就这样，在司马先生视作理想的明治时代，"鬼胎时代"萌芽了。

失去多样性的日本

明治初期，日本在陆军、海军的建立方面分别参考了法国、英国的特点，具有多样性。然而，军队和国家制度本身却都采用了德国模式。

德国特色最明显的是参谋本部制度。德国有时候被认为是由军队操纵的国家；不是国家拥有军队，而是军队拥有国家。可想而知，特意对此进行模仿的日本，最终也会遭遇和德国一样的命运：国家被军队控制着走向崩溃。

我认为，日本种下病根的时间，就在明治十四年政变前后，也就是日本的国家模式迅速向德意志帝国看齐的时期。所谓明治十四年政变，是指在 1881 年，大隈重信[5]倡导开设英式国会，急于制定宪法，而被伊藤博文等对手排斥，遭到罢免。

大隈重信主张效法英国，建立以国会为中心的政府，由国会任命首相。伊藤博文则认为，——征询国会的意见就无法迅速实现近代化，且天皇和藩阀的权力也会被削弱。

而在当时迅速强大起来的德意志帝国，支持帝权的军方和官员不需要通过国会的表决，只需参考国会的意见就能主持国家政务。因此伊藤博文倾向于以德意志帝国为模板建设国家。

经过明治十四年政变，日本采用了伊藤博文以德意志帝国为模型建设国家的意见，在度过了幸福的潜伏期之后，终因日俄战争胜利带来的名为"傲慢"的疲劳而猛然发病。以上是我对日本这个国家的诊断。

"德国服装"下的陷阱

司马先生一定也发现了这个问题，在《这个国家的形象》中，有一章题为"向德国倾斜"。

众所周知，自 19 世纪中叶以来，日本接受了异质的欧洲文明。这不是因为被殖民，而是日本根据自己的意志采取了行动。

司马先生指出这是日本与其他国家的不同之处：因为不想沦为殖民地，所以接受了欧洲文明，并引进了军事力量最强大的国家的法律制度。

在明治维新运动的第四个年头（1871 年）发生了一件大事，普鲁士军队击败了法国军队。驻欧日本军官亲眼见证了一场问鼎轻重。他们看到了德国参谋部卓越的作战能力以及部队精准的行动，也看到了法国和德国的差别。此外，德意志帝国还在胜利的基础上解除了联邦，建立了德意志帝国。不必说，不久之前才开始维新运动的日本人，对德意志产生了一种强烈的情感——感情移入。

《大日本帝国宪法》也由此制定。当时的德国是欧洲比较落后的国家，市民社会还没有形成，君主权力至上。这在当时的领导者伊藤博文等人看来，似乎非常符合日本的国情。

日本就像走进了一家名为"欧洲宪政国家"的时装店，正思考着哪件衣服适合自己，就发现德国的衣服最为华丽，感觉同样的衣服也与自己的体型相配。那就试试看吧。脑袋（天皇）和上半身（政府）一般大的日本，在试衣间里穿上德国的衣服，竟然意外地合身。

一些领导者，如大隈重信和学者福泽谕吉，坚信英国的服装更适合日本。但是伊藤博文等人一边说着"不可"，一边把大隈重信赶下台，然后买回了德国服装。

于是，天皇的国家披上德国的衣服，自称大日本帝国。然而，这件德国衣服隐藏了一个陷阱：和它配套的军靴是一双"红舞鞋"，一旦穿上就会不停跳舞，直至死亡。日本成为军事国家之后就一直跳个不停，最后陷入了不斩断双脚（陆军和海军）就无法停歇的可怕结局。这就是这个国家直到昭和时代的历史。

向德国倾斜是"国家病"

到明治二十二年宪法颁布时，陆军已经完全变成德式军队。后来在日俄战争的陆军战斗中，德国的作战思想效果显著，日本越发向德国倾斜。

我认为，明治时代军人最大的特点既不是现实主义，也不是合理主义，而是经验主义和实验主义。因为德国取得了胜利，所以认为德国的方法更有效，这是相信现实生活中被实验过的东西。当时的日本虽然引进了德国的文化和制度，但好在本质上仍是江户时代人，只不过披上了德式外衣。用司马先生的话说，那时的军人"既具备客观看待本国的能力，又学会了与别国进行比较"。那么，德国色彩更鲜明的昭和军人又是怎样的呢？

昭和时代的高级军官仿佛变成了德国人似的，以自我（自己国家）为中心，像陀螺一样自顾自旋转，从来不往周围看。

当然，这并不是说德国的文化不好。司马先生也注意到了这一点。

以上论述绝对不是要归罪于德国文化，也不是要归罪于明治以后草率的文化引进。可以说，一味地将一种文化浓缩并注入体内，势必导致药物中毒。日本近代史就像动物实验，雄辩地证明了吸毒患者掌握权力后会产生什么样的后果。

昭和军人对德国评价过高，却对真正的德国一无所知。

司马先生严厉地批评道，向德国倾斜是一种"国家病"。

"鬼胎"的真面目：统帅权

德式"药物注射"在摧毁了近代日本之后，又是如何侵蚀日本人的呢？司马先生已经找到了这一机制。"病原体"是附着在德国服装上的"统帅权"。

统帅权是指军队的最高指挥权，《大日本帝国宪法》第十一条对此作了规定。统帅权是天皇对陆军和海军的指挥权，具体来说，是指陆军参谋本部和海军军令部作为直属天皇的机关，使用军队的权限。

如前所述，日本从德国引进了名为参谋本部的系统，复制了"军队统帅权独立于国家之外、君主体外"的统帅权，制造了一个不受控制的国中国，最终摧毁了日本。司马先生在《这个国家的形象》中作了如下叙述：

> 统帅……是指"统帅军队"。……一直以来，即便是在英国和美国，统帅权也理应属于国家元首。当然，统帅权掌握在文官手中。军队具有强大杀伤力，从某种意义上而言就像一头猛兽。然而在战前，正是猛兽

一样的军人实际上掌握了统帅职能。而且统帅权是神圣的，提出质疑的人会遭到"干犯统帅权"的指责。

明治宪法与现行宪法一样，明确了三权（立法、行政、司法）分立的体制，却在昭和时代发生了变质。统帅权逐渐独立，终于凌驾于三权之上，开始带有一种万能性。参谋本部的角色是统帅权的看守者，可事实上，参谋们（天皇的幕僚）却把自己当成该权力的"所有者"。顺便提一下，宪法规定，天皇不负责执行国政或统帅权。这样一来，参谋本部的权力几乎是无限大的，能够采取任何"爱国主义"对外行动。

就像上一章提到的，司马先生将明治时代解读为江户时代的收获期，但是仔细观察昭和前期就会发现果实腐烂的过程。腐烂的原因是在明治时代产生的。把日本变成"鬼胎"的真正因素，是从德国引进后成长起来的"统帅权"。

总而言之，通过宣称"我有统帅权"，军队的地位超越了帝国议会和普通百姓。统帅权独立后，军队连天皇的命令都可以不遵从。在军队统帅权的实际运用中，政府和议会当然有过问的必要。

首先政府内阁要通过命令和人事来控制军队，其次有预算决定权的议会必须通过预算审议控制军队。但是在日本，议会并没有控制军队预算的主导权。进一步说，甚至连政府和内阁都被排除在军队的统帅权之外。根据明治宪法，军队不由法律管控，即法治，而是由人统治，即人治。这些人是明治维新的功臣，明治国家的主人、元老。随着他们陆续离世，日本进入昭和时代，到他们之中只有西园寺公望[6] 还在世时，元老对军队的统帅权已经失效了。

明治国家处理政务的基本方式是听取议会的意见，但是议会没有最终决定权。军部主张由天皇掌握与统帅军队相关的事务的决定权。然而，实际上作出决策的并不是天皇本人，而是作为军事指挥枢纽的军部。军部只将结果上奏（报告）给天皇，往往无视天皇的意志。

这样的统帅权在昭和时代变成巨大的怪物，使日本走上了迷途。

统帅权与帷幄上奏权

国家允许统帅权失制是在进入昭和时代之后。在明治时代，元老们采用集体领导制，根据明治宪法进行调控，国家的权力中枢由政府、议会、军部共同构成。进入昭和时代以后，军部挥舞着"统帅权独立"的旗帜，势力大增。

最初迹象是在海军裁军成为国际议题时出现的。不仅是军方，右翼势力和政友会①也对民政党政府的裁军主张进行抵制，指责其侵犯了统帅权。所用的表述不是"违反统帅权"，而是"干犯统帅权"。也就是说，把不违反法律的事情说得好像违反了法律。

据说，"干犯统帅权"是北一辉发明的说法。北一辉是大正时代和昭和前期的国家主义者，接受社会主义思想，著有《日本改造法案大纲》，对当时的陆军青年军官影响很深。后来，他作为二二六事件②的幕后策划者被处决。

在这种情况下，毫无疑问，侵犯统帅权的人远比统帅权主义者更爱国。因为如果不裁军，日本和美国之间就会展开造舰竞赛。这样一来，产业发达程度和综合国力都占优的美国就会遏制日本的发展。如果为了与美国对抗而勉强增加军事预算，日本的产业和经济发展就会进一步被拖

---

① 全称"立宪政友会"，日本政党，1900 年由伊藤博文创立。——编者注

② 1936 年日本法西斯军人的武装政变事件。1936 年 2 月 26 日，部分皇道派陆军军官率领 1400 名士兵在东京发动政变，要求实行"国家改造"、建立军部法西斯独裁政权。29 日政变被平息。后经"肃军"，皇道派遭统制派清洗。统制派掌握军部实权，日本更加法西斯化。

累。因此，通过与美国建立贸易往来，避免造舰竞赛，这才是真正的爱国者的做法，也是国策上的正确答案。

但是，裁军会使原本能成为舰长或中将的人失去晋升机会，很多军人会被编入预备役，然后退役，收入锐减。主张裁军的人势必成为众矢之的。因此，提出正确意见的人将无法在海军中出人头地。

统帅权是天皇领导军队的权力，只要解释得巧妙，就可以被用来做任何事。陆军参谋本部、海军军令部作为军令管辖机关，被赋予了帷幄上奏的特权。所谓帷幄，是指挂在天皇面前的帘子。帷幄上奏权是指可以直接上奏天皇，隔帘表达意见、进行商谈的权限。

军队是属于天皇的，陆军和海军的行动直接由天皇裁决，不需要经过其他人或机关，因此就有犯错的权限。这样一来，军人可以在连首相都不知道的情况下与天皇见面，发表自己的意见。此外，如果因为错误的政策和作战计划而造成不良后果，也不会被弹劾。

从这个时候起，统帅权有了无限、无过、神圣的特性。统帅权不但被认为是独立于三权（立法、行政、司法）的，还超越了三权。而且，三权从旁干涉统帅权也是不被允许的。此外,在是否引发国际纷争和战争的问题上,相较于其他国家的行政机关,由于日本军部有帷幄上奏权,所以可以秘密推进行动。也就是说,日本国内又诞生了另一个国家,即一个有统帅权的日本。

司马先生要说明的可怕事实,正是神授统帅权可以发动战争。

《这个国家的形象》中的思考

司马先生发现了一本题为"统帅纲领·统帅参考"的旧书。该书分为两册,初版都在日本战败后被烧毁,因此司马先生找到的是重印本。这不是公开发行的书籍,而是只供参谋本部军官阅览的、历史背景复杂的秘密文书,如实论述了何为统帅权。

司马先生在《这个国家的形象》中,引用了《统帅参考》中的观点。

统帅权的本质是力量,其作用是超法规的。[7]

虽然根据宪法的规定，国家事务由各部门国务大臣各负其责，但是统帅权不在此范围内。

因此，议会不对统帅权的行使及其结果负责。议会无权针对军队的统帅、指挥及其结果提出质疑和要求解释，或者进行批评和谴责。

日俄战争期间，军队打了败仗会受到议员的责难。但是到了昭和时代，如果你批评军队的失败之处，就会遭到指控："你对天皇的军队不满？这是不忠！"

明治时代，日本将议会监督君权的欧洲标准形式理解为先进的国家形式，认为立宪国家应该忠实地对其进行模仿。

然而，日俄战争之后，日本甚至不再将欧洲放在眼里。扶植议会以管理立宪国家的想法变得淡薄。一种自我意识产生了：说到底，日本现在能耀武扬威，靠的是谁的功劳？多亏军队拼命取得了日俄战争的胜利，日本才成了一流国家。国家力量的中心不是宪法和议会，是军队。国民逐渐认同这样的观点。

就这样，明治人辛苦建立起来的日本开始失控，并走向灭亡。司马先生亲自揭露了一个把他送上"奔驰的棺材"——战车，试图将他杀害的国家的真面目。但是，司马先生没能把这段经历写成小说。取而代之的是《叫作"昭和"的国家》的蓝本——以口述形式呈现的《司马辽太郎：闲谈通往昭和之路》，笔述则是《这个国家的形象》。

如果把小说家司马辽太郎的所有作品看作一本书，我认为《这个国家的形象》就相当于这部巨著的后记。"我们为什么会战败？"司马先生一生都在这样自问，并诚实地作出了回答。《这个国家的形象》正是他对答案的总结。

注释

1.《叫作"昭和"的国家》：NHK 出版，全一卷。将"昭和"比作"魔法森林时代"，分析了"统帅权国家"在日本诞生的过程。原本是从 1986 年 5 月开始播放的 12 期节目的内容。

2. 小村寿太郎：1855—1911。明治时代外交官。日向饫肥藩出身。任外相，缔结日英同盟。作为日方全权代表签订《朴茨茅斯和约》。完成了收回关税自主权等工作。

3. 古岛一雄：1865—1952。明治至昭和时代记者、政治家。但马丰冈藩出身。曾在《日本及日本人》《万朝报》担任记者，1911 年成为众议院议员。战后虽然被推选为自由党总裁，但是本人拒绝并推荐了吉田茂担任该职务。

4. 板垣退助：1837—1919。明治时代政治家。土佐藩出身。在戊辰战争中任总督府参谋，攻打会津藩。明治维新之后任参议，因在"征韩论"之争中失败而辞职。1874年提出设立民选议院的建白书，作为自由民权运动的核心人物开展活动。1881年成立自由党。1898年任隈板内阁内相。

5. 大隈重信：1838—1922。明治、大正时代政治家、教育家。佐贺藩出身。历任参议、大藏卿、贵族院议员等职。1881年，因明治十四年政变遭罢免，次年创建立宪改进党。创办东京专门学校（早稻田大学前身）。1898年组织隈板内阁，1914年第二次组阁。

6. 西园寺公望：1849—1940。明治至昭和时代的政治家。公卿出身。历任文相、枢密院议长等职。在1906年、1911年两次组织内阁。大正时代结束以后，作为最后一位元老，虽然努力维持宪政，但是没能阻止军部横行，怀着对日本之未来的担忧去世。

7. "统帅权的本质是……超法规的"：司马先生所参考的《统帅纲领·统帅参考》（偕行社，1962年），原版为"统帅权的本质是力量，其作用是超法的"（原文使用古汉字），无"规"字。

终章

致生活在21世纪的我们

最后的寄语

结束对过去的清算之后，司马先生最后留下了一篇关于未来的随笔——《致生活在 21 世纪的你们》[1]。文章很短，如果是一页四百字的文稿，大约只有十页。

出版教科书的大阪书籍委托司马先生"给小学生写一篇寄语"，司马先生欣然答应，花了很多时间撰稿。在这篇文章中，司马先生写道："（我自己）一定看不到 21 世纪。"这句话让读者们很惊讶。因为文章发表的时候是 1989 年，当时司马先生才六十多岁，大家都认为他能够一直活到 21 世纪。

事实上，司马先生在 21 世纪开始之前辞世，这篇文章也被定位为他留给读者的遗言。

我认为，司马先生想传达给孩子们的信息，是要发扬日本人最优秀的特点——同理心。用文章里的话来说就是"怜悯"。司马先生指出，日本人善于把别人的痛苦当成自己的痛苦来感受，为他人着想——做什么会让对方难受，做什么会让对方喜悦。

以前，常有人说日语没有主语。在被司马先生称为"鬼胎时代"的昭和前期，日本文部省出版了《国体之本义》一书，称没有主语意味着无私。于是我们认为无私奉献是美好的，然而我却有不同的看法。

不是"无私"，而是不将"我"①和他人区别对待。也就是说，善于理解对方的心情，把自己代入对方的处境，这就是同理心吧。我认为司马先生所强调的，是日本人将心比心、不分你我的态度。

在未来的世界，只是"我这样我那样"地说着自己的意见和利益，将无法解决任何问题。当今世界似乎只争论谁更强、谁的利益优先之类的问题。随着全球化进一步发展，拥有不同价值观的国家、人群不得不更频繁地对峙。与其急于取得优势地位，不如拥有适应和理解不同文化的

---

① 日语中，"我"写作"私"。

《致生活在 21 世纪的你们》原稿（第七页），受 1989 年 5 月的《小学国语·6 年下》（大阪书籍）委托撰写。司马先生用彩色铅笔以独特的方式推敲，花费的精力不亚于创作长篇小说。

（照片由司马辽太郎纪念财团提供）

能力，有较强的同理心，能够理解对方的感受，这才是更重要的。而这样的同理心正是日本人所拥有的。

谁推动了日本历史的发展？

司马先生还指出了"确立自我"的重要性。以中世的镰仓武士为例，他说道："必须拥有可靠的人格。"

司马先生年轻时亲眼所见的画面是，日本人响应国家号令，高喊着"一亿玉碎"①，盲目地奔赴战场。但是他通过小说中展示的是另一个事实：坚定地按照自己的信念采取行动的日本人，推动了日本历史的发展。

此处引用《致生活在 21 世纪的你们》的核心内容：

> 再重复一遍。我说了要确立自我。我还说要严于律己，善待他人。我也使用了"怜悯"一词。我还说要在这些方面训练自己。通过训练实现自我的确立。然后，你们就会成为"可靠的人"。

---

① 第二次世界大战末期日军的口号之一，意思是在计划实行的与盟军的"本土决战"中，所有国民都要有"宁为玉碎"的觉悟。

司马先生所喜爱的历史人物，是像坂本龙马那样，无论周遭发生了什么，都坚定地以自己的意志推动时代的发展。黑田官兵卫最初是丰臣秀吉的追随者，但后来秀吉出兵朝鲜，他认为这是一个错误，便毫不犹豫地退隐，走自己的路。秋山真之认为，有他在，日本海军和日本才是安全的，他有担负起一国之安危的魄力。

司马先生喜爱这群"可靠的人"，所以让他们的形象跃然纸上。

司马辽太郎提出的问题

司马先生在《致生活在 21 世纪的你们》的姊妹篇——《洪庵的薪火》[2] 中，介绍了既不是军人或政治家，也不是英雄人物的绪方洪庵。

绪方洪庵不仅自己学习西方医学，还把西方的医学、语言和思想传授给诸多弟子，与明治时代的开创息息相关。他将点燃的火把逐一转交给了大村益次郎、福泽谕吉、桥本左内[3]、大鸟圭介[4] 等学生。

无疑，在司马先生看来，真正的爱国者是绪方洪庵这样的人：为了国家的发展，将自身想法付诸行动，推己及人，为拯救生命奉献自己的一生。

幕府末期，日本爆发霍乱。据说最严重的时候，每四个乃至三个医生中就有一人死亡。参与治疗工作的绪方洪庵说道："勿为所欲而成贱丈夫（卑鄙的男人）。"他还把常说的"为世，为人"写下来，做成了挂轴。

用自己的"技术"救人性命——绪方洪庵是一个既确立了自我，又怜悯他人，很有同理心的人。"希望生活在21世纪的你们也能成为这样的人"，这不就是司马辽太郎先生对千千万万人的人生、对日本进行审视后所得出的结论吗？

毕竟，在历史长河中遨游一场，总归会领悟到让人和社会幸福的规律，抑或是规则。同理心与自我的确立——时至今日，司马先生提出的问题仍深深地影响着我们。

注释

1.《致生活在21世纪的你们》：发表于《小学国语·6年下》（1989年，大阪书籍）。

2.《洪庵的薪火》：发表于《小学国语·5年下》（1989年，大阪书籍）。

3. 桥本左内：1834年—1859年。江户时代末期越前福井藩士。师从绪方洪庵等人，习医学和兰学，在所属藩内振兴了西学。因拥立一桥庆喜继任将军，在安政大狱中被处死。

4. 大鸟圭介：1833 年—1911 年。江户时代末期、明治时代幕臣、外交官。师从绪方洪庵等人，习兰学和兵法。戊辰战争中，与榎本武扬等人在箱馆五棱郭投降。明治政府官员，历任驻中国、朝鲜公使，枢密顾问官。

后　记

　　谈到文学，会有这样一种观点：讨论应该止于文学作品本身，不必考虑它对外界的影响。但是，司马先生的文学作品——或许和漫画家手冢治虫的作品有相通之处——充满强烈的愿望，想让读者的人生变得更美好，也希望读者去创造更好的社会。

　　对于司马先生而言，导致日本失败的祸根埋在昭和前期。他最终没有留下以昭和时代为背景的小说，但是如果真有这样一部小说，又会有何不同呢？倒不如说，透过未着色的昭和时代的剪影，我们更清楚地知道了司马先生想对日本人说什么。

　　这个没有上色的剪影中包含了很多生活在 21 世纪的我们必须思考的问题。

　　司马先生曾反复展示日本陷入错误的模式。比如当集体中形成一股气流一样的风气时，无论个体如何保持理性，都难免随波逐流。又比如说，日本型的组织一方面发挥着各尽其责、角色分担的优势，另一方面由于谁都没有固定的防守范围，所以应对突发事件的能力就很弱。另外，不在内部储存信息，不与组织外的人共享信息，缺乏积极地面对未来的态度，这些日本人的弱点都在司马先生的作品中得到了体现。

这种"习惯""风气"，或者简单地说，一个国家的"国民性"，并不是一两百年就会轻易改变的。因此，对于生活在 21 世纪的我们来说，阅读司马辽太郎书写的 21 世纪之前的日本历史和日本人，以史为鉴并为未来做准备，这是非常重要的。我相信司马先生也是怀着这样的希望进行创作的。

当然，司马先生本身是一位历史爱好者。他也许希望在文学创作中对自我做一个总结。但我想，一切的根源，在于为后世美好贡献力量的愿望，哪怕只是很小的贡献——这是经历过战争的那一代人才会有的使命感与志向吧。正因为司马先生有如此严肃的态度和心意，所以在去世二十多年后，他仍然是受日本人喜爱的国民作家。

矶田道史

司马辽太郎年谱

年份	年龄	事件（粗体字为社会事件）
1923 年（大正 12 年）	0 岁	出生于大阪市，本名福田定一/**关东大地震**
1937 年（昭和 12 年）	14 岁	**侵华战争（至 1945 年）**
1941 年（昭和 16 年）	18 岁	大阪外国语学校蒙古语系（今大阪大学外国语学院）入学/**太平洋战争（至 1945 年）**
1943 年（昭和 18 年）	20 岁	被征召入伍；提前大学毕业，兵库县加古川市战车第十九连队入营
1944 年（昭和 19 年）	21 岁	"满洲"陆军战车学校入学、毕业，分配到"满洲"战车第一连队
1945 年（昭和 20 年）	22 岁	受命加入本土防卫，经釜山运送战车，在新泻登陆，在栃木县佐野市收到战败消息，复员/**接受《波茨坦公告》**

年份	年龄	事件（粗体字为社会事件）
1946 年（昭和 21 年）	23 岁	加入新日本新闻社/**《人间宣言》《日本国宪法》发布**
1948 年（昭和 23 年）	25 岁	新日本新闻社破产，加入产业经济新闻社
1956 年（昭和 31 年）	33 岁	作品《波斯的幻术师》获第 8 届讲谈俱乐部奖，取笔名司马辽太郎，意为远不及写出《史记》的司马迁
1959 年（昭和 34 年）	36 岁	与《产经新闻》文化部记者松见绿结婚，《枭之城》出版
1960 年（昭和 35 年）	37 岁	《枭之城》获第 42 届直木奖，任《产经新闻》（大阪）文化部部长/**安保斗争激烈化**
1961 年（昭和 36 年）	38 岁	退出产经新闻社，成为全职作家
1962 年（昭和 37 年）	39 岁	《龙马风云录》开始连载（至 1966 年）
1963 年（昭和 38 年）	40 岁	《国盗物语》开始连载（至 1966 年）
1964 年（昭和 39 年）	41 岁	**东海道新干线通车，东京奥运会**
1968 年（昭和 43 年）	45 岁	《坂上之云》开始连载（至 1972 年）
1969 年（昭和 44 年）	46 岁	《花神》开始连载（至 1971 年）

年份	年龄	事件（粗体字为社会事件）
1971 年（昭和 46 年）	48 岁	《街道漫步》开始连载（至 1996 年，未完结）
1972 年（昭和 47 年）	49 岁	《宛如飞翔》开始连载（至 1976 年）/**美国归还冲绳**
1986 年（昭和 61 年）	63 岁	《这个国家的形象》开始连载（至 1996 年，未完结）/**泡沫经济（至 1991 年前后）**
1989 年（平成元年）	66 岁	在小学国语教科书上发表《洪庵的薪火》《致生活在 21 世纪的你们》，出版《叫作"明治"的国家》
1996 年（平成 8 年）	72 岁	因腹部大动脉瘤破裂去世

图书在版编目（CIP）数据

跟司马辽太郎学日本史/（日）矶田道史著；朱一
飞译. —上海：上海文化出版社，2020.12
　ISBN 978 - 7 - 5535 - 2143 - 5

　Ⅰ.①跟…　Ⅱ.①矶…②朱…　Ⅲ.①司马辽太郎－
小说研究②日本－历史　Ⅳ.①I313.074②K313

中国版本图书馆 CIP 数据核字（2020）第 200074 号

图字：09 - 2020 - 946 号

出　版　人：姜逸青
责任编辑：葛秋菊
责任监制：刘　学
封面设计：谷亚楠

书　　名：跟司马辽太郎学日本史
著　　者：〔日〕矶田道史
译　　者：朱一飞
出　　版：上海世纪出版集团　上海文化出版社
地　　址：上海市绍兴路 7 号　200020
发　　行：上海文艺出版社发行中心
　　　　　上海市绍兴路 50 号　200020　www.ewen.co
印　　刷：苏州市越洋印刷有限公司
开　　本：787×1092　1/32
印　　张：5.5
版　　次：2021 年 3 月第 1 版　2021 年 3 月第 1 次印刷
书　　号：ISBN 978 - 7 - 5535 - 2143 - 5/K・236
定　　价：39.00 元

如发现本书有印装质量问题请联系印刷厂质量科　电话：0512 - 68180628